U0928746

19

李易峰

浙江出版联合集团
浙江文艺出版社

contents

Chapter—1

看不见的界限

To：火爆女侠

知道你不识字，所以我才在这里煽情一次。

你有天使的面容（听说年轻的时候），很好的身材（无图作证），火爆的脾气（从小看到大），但这些都已经成为了历史。现在的你一脸慈祥，像孩子一样爱吃又善忘。这很好，忘掉那些许久缠着你的烦恼和伤心吧！我只想说，谢谢你，谢谢老天让我成为了你的外孙。

我想求老天再让你年轻十岁，还给你硬朗的身体，响亮的嗓音，“火爆”的脾气。我不晓得你还有多少时间可以陪着我们，只希望你能多看看我。如果可以回到过去做一件事，我只想回到小学，让你再接我放学，买泡泡糖给我吃。

我爱你，婆！你要永远记得我！

李易峰　　1987了

今年春节前妈妈说，既然买了新房子，要不就把外婆接来，全家一起在北京过年。我知道外婆特别想来，她已经八十多岁了，我们一年最多也只能见一两次，现在最重要的事情就是能坐在她身边，陪她吃个饭。一过年北京就成了空城，去哪儿都不堵，可以让她开开心心地看一看这个城市。

记忆里有关外婆的所有画面都很美好，要说印象最深刻的地方，一定是她的超级大嗓门。小时候一到饭点外婆就会扯着嗓子喊："回来吃饭了——"就算隔了两幢楼，声音也能听得清清楚楚。家里规定午饭后小孩子要睡午觉，见我怎么都不肯好好躺在床上，她又忍不住吼。她心急，脾气又暴，向她撒娇压根儿不管用，幸好她急完就没事儿了。

外婆没读过书，年轻时很辛苦，苦日子好日子，一路高高低低也就这么过来了。她自己怎么过都没关系，对我这个外孙严厉归严厉，却只怕疼爱得不够，或是考虑得还不够周全。我的第一双运动鞋就是她给买的，那其实是双假冒的名牌，她也不知道，就是看我喜欢踢足球，想给我添点儿更好的装备。上初中的时候学校离家有些距离，她二话不说就给我买了自行车。往往我都还没意识到有那个需要，她就把一

切都准备妥当了。

两三年前她突发过一次小中风。虽然她身体底子好，病情也不严重，但多少留下了点儿后遗症，身体不再那么硬朗，记性也时好时坏。以前她去菜场，东西再多都坚持自己提，大包小包一堆，也不准别人帮半点儿忙。这么个“火爆女侠”现在突然变成小朋友一样，事事需要别人提醒和照顾，我心里有些难过。如果遗忘是生命必不可少的组成部分，我希望外婆能忘掉烦恼，心里只留下快乐的片段；如果健康的衰退是人生必经的阶段，我希望她健康的日子能维持得久一些，多享受一点儿美好。

她来北京前，我心里各种忐忑。有时夜里会情不自禁地想，这是外婆第一次来北京，会不会也是最后一次。翻个身，我又开始担心她的血压是否受得了高空飞行。这些现实的问题让我又伤感又懊恼，但我不得不去面对。我不知道我们还有多少可以相处的时间，只想珍惜彼此相伴的每一分钟，希望在她走到人生最后一天的时候，没有遗憾，不留烦恼。

0180

看不见的界限 默默

现在的你就像一个孩子

忘掉那些评人说话

你的烦恼 和伤心吧!

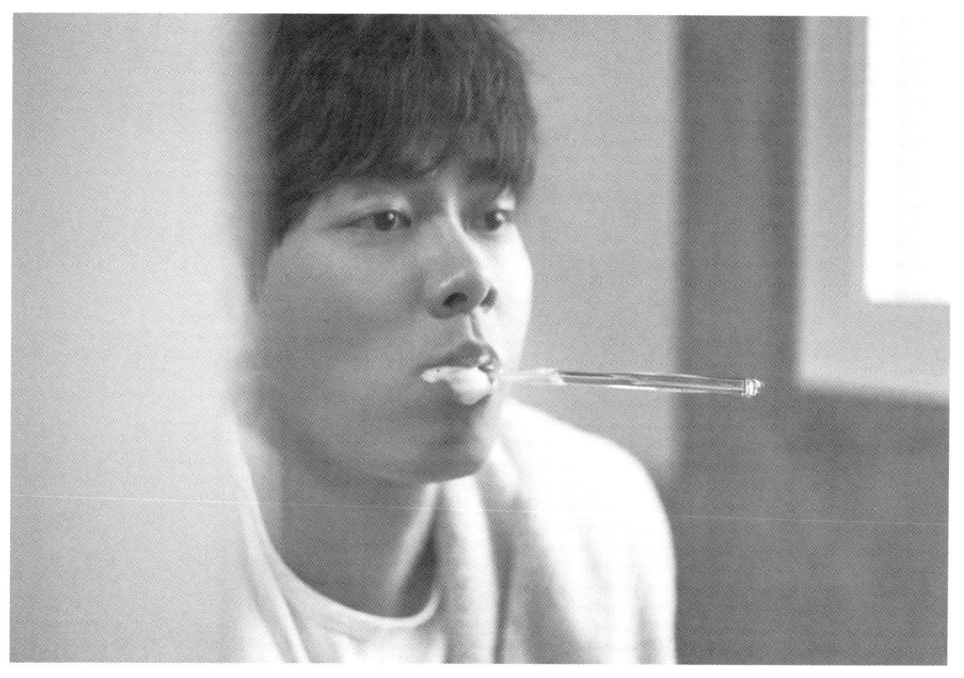

李易峰　　1987了

礼物的意义

从小家里所有人都非常宠爱我。小时候在成都，过年在我们家算不上特别隆重的事情——当然了，大年夜的家庭聚餐一定会有，下午开始，各家的媳妇儿就聚在一起忙活准备。对我们小孩子来说，重头戏当然是领压岁钱了。

每年的压岁钱，外婆给的都是最大份，别的长辈给的也不少，但那时候我花不了什么钱，大人们也不要求我“上交”，怎么保存妥当很让人头疼。我曾把钱攒到一起夹在书里，回头却发现不翼而飞，一问才知道，爸爸“出于安全考虑”拿走了。我一直好奇，卧室里堆了那么多书，为什么他就能找到呢？后来我在银行里开了一张存折，把钱都给存了起来。

所以，我从来没有“零花钱不够”的苦恼，更不需要绞尽脑汁去“争取”家人的注意和关爱。记得我跟几个表哥去商场，到了顶层的玩具柜台，只要我开口，什么他们都给买，但我不会随着性子乱来。爸爸曾语重心长地对我说：“如果你想要什么我们都答应，那将来你要跑车，或者要我们根本负担不起的东西，怎么办呢？”那句话好像给我洗了脑，也成了我之后的准则，我下意识里认定，不可以用哭闹之类的方法去逼他们满足我的物质要求。有件事说起来至今都有点遗憾的——我从来都没有拥有过一台台式电脑。虽然上学的时候很羡慕家里有电脑的同学，但我清楚当时家里的经济条件，根本不会开那个口。

上中学的时候，有天我在路上乱逛，有星探问我愿不愿意当婚纱影楼的模特，拍平面广告。成为“明星”一直都是我人生的唯一目标，那一刻心里有点小激动，电视里常常上演的情节终于落到了我身上，虽然过程有点儿老土，但好歹也迈出了成为“巨星”的第一步！理想很丰满，现实很骨感，从中学拍到大学，我意识到做模特和成为巨星之间隔着那么点儿距离。但我毕竟凭自己的能力挣到了钱。我记得第一笔收入有两三千块，给自己留了一些之外，我用剩下的钱给每个家人都买了礼物。他们也没什么夸张的反应——被感动到热泪盈眶那种情节在我家没法儿上演。礼物更像一个小小的宣言：我长大了，也有那么点儿孝心。

我始终觉得，家人之间用礼物来表达感情比用语言更有力，也更直接。只是每次给爸爸选礼物都很头疼，有时候我特别希望他能直接开口告诉我他的想法。要是哪天他说，“哎呀我想要辆车”，我立刻就去买。但他不会，这辈子都不会。我送过他手表、剃须刀之类的“常规”礼物，收了他也用，可他总说自己什么都不要，最好我别花那个钱。给妈妈送礼

物就简单多了,“包治百病”,新款的包包一递过去她就眉开眼笑:“谢谢儿子!哎……不过你还有没有在哪儿看到过那种大开口的包?”方向非常明确。

送外婆礼物就更简单了,只要是我送的,她都特别满足。这几年每逢过年我就给她塞大红包,但她从来不用,只是存起来,还一直念着等将来我结婚的时候再给我。

我知道家人根本不在乎我的礼物是什么形式,又有多贵重,但我们记得彼此付出的心意。这不是一种等量的交换,而是一种互相的叠加。我很庆幸家人用他们力所能及的所有方式给予了我一个安全而温暖的成长环境,让我在不知不觉中体会到“爱”的意义,理解了它最温柔也最有力的内核。

看不见的界限

2008年《加油！好男儿》比赛结束后，我第一次开了演唱会。刚刚出人头地，我很希望外婆能来现场，和我一起分享那个重要的时刻。舞台上我戴着耳麦，环境音又实在太吵，什么也听不清。后来我才知道，那天外婆在舞台上对观众说："你们都爱偶像李易峰，但他就是让我骄傲的外孙。"其实她说了什么并不重要，我看到她那么开心和激动就够了。

除了这种特别的时刻，我不太喜欢让自己的家人出现在公众场合，如果他们的出现变成了某种形式，我心里会有点儿别扭。每个家庭都有自己的相处方式，之前在爸爸的主导下，我们全家的风格都偏内敛，家庭关系非常和睦，但如果用特别直接或者外露的方式表达情感，就会觉得不自然。

我渐渐长大，也渐渐成了家里的主心骨，我觉得是时候带头改变一下家人之间过于含蓄的气氛了。有些话当面说会觉得肉麻，但用文字写下来，怎么掏心掏肺都可以。妈妈生日的时候，我会发短信告诉她："我非常爱你。你是世界上最美的女人！"

87、5、4

家人在我的感染下也慢慢变化，只有爸爸严谨依旧，毕竟他也到了这个年纪，不可能完全变成另一个人。他是狮子座，天生不怎么擅长表达，而是更习惯把所有的事都放在心里。对我说的话言简意赅，多半就是“开车要小心点”之类的嘱咐，听起来老生常谈，但我明白那些简短句子下藏着的关心。我得了奖，妈妈不会特别表示什么，倒是爸爸每回都给我发消息，一本正经地写“恭喜陈队长”。“陈队长”是我在电视剧《麻雀》中扮演的角色，这个称谓是爸爸的小幽默，也是他试图藏起兴奋的委婉表达。

从小到大，父母对我而言一直更像朋友，什么都可以交流。我看剧本的时候他们也会一起出主意，拍《活色生香》之前，本来我更想挑战后来由陈伟霆扮演的文世倾，觉得那个角色更酷，但妈妈坚定地认为，宁致远的角色更适合我。事实证明她说得对。他们的意见我一定会听，毕竟他们代表着“基层观众”，了解一下他们的想法对创作也有所帮助。当然，我也会和自己的想法折中。

只要有我参演的电视剧开播，他们一定守着电视机，定时定点，雷打不动，是我最忠实的粉丝。往往我都已经没耐心继续追剧了，他们还在坚持，首播看一轮，重播再看一轮。爸爸还会在微信朋友圈里宣传，自己写文案。《青云志》开播时，他给我演的张小凡来了个总概括："这是一个孤胆英雄。"

但是，父母看不到我的朋友圈——对，我把他们屏蔽了，他们一定知道这一点，但他们从来没提过。这是我们之间的默契，在这个家里，彼此可以触碰到哪一条线，又应该表达到哪一步，所有人都心知肚明，而且从不越界。

我的那点儿倔脾气应该继承自爸爸。印象里我们的争执虽然不多，但场面都颇为激烈。记得小时候，一次到饭点了，爸爸喊了几次，见我还磨磨蹭蹭不上桌，只顾着看电视上的新歌排行榜，他就火了。几句话双方就拧起来，到最后，我一拳砸向手边的柜子，把柜子砸坏了。爸爸立刻冲着我吼："这个家里所有的东西都是我的，你有什么资格把它打坏？"我的怒气噌的一下就蹿到了顶点——你和我？原来分得那么清楚？

大家生了两三天的闷气，互相留纸条道了个歉，事情也就过去了。现在爸爸会用更平等的方式和我交流，一家人可以围坐在一起喝点儿酒，很多原本说不出的话，借着那一点酒意就都能聊个畅快。一次大家都有点儿微醺的时候，爸爸说起一件往事：以前他做生意碰到过严重的资金短缺问题，最困难的时候，他甚至被人用暴力威胁。我和妈妈都大吃一惊。小时候我一直不理解，为什么爸爸脸上鲜有笑容，总是满腹心事的样子。我这才明白，原来他的人生经历如此丰富，为了这个家，他默默扛下过这样沉重的压力，又咽下了不计其数的烦恼。

不管是过去还是现在，爸爸都是我最崇拜的人之一。他有责任感，有自己的想法，还看过许多书，知识很广博。以前我觉得他无所不能，是一个顶天立地的英雄。现在他年纪大了，体力和年轻时不能相提并论，曾经那么好强的性格，现在偶尔也会服输。但他从来没让我失望过，始终是我的榜样，是我心目中“男人”的最高标准——自问现在的自己和他的差距，大概不小于三倍。我希望自己能少一点脆弱，能像他一样有更多的担当，在关键的时候，有足够的勇气和能力保护自己和周围的人。

“这是一个孤胆英雄”

理想的工作

不同凡响的时刻

我一直坚定地认定自己会成为一个明星。我从来没有想过别的职业可能，也没有想过要留任何“后路”。我始终都在等待一个“不同凡响”的时刻到来。

怀着这个模糊的大方向，没有具体的计划或者步骤，我甚至从没担心过“万一”：万一这个梦想无法达成怎么办？万一等不到成事的那一天怎么办？我只有一腔无来由的自信——我肯定会做出一些事情来，而且不会是简单的事情。我不会只是一个普通简单的人。

我以选秀歌手的身份出道，但比赛结束后，我就渐渐滑入了漫长的平淡期，没有绯闻也没有新闻，在公众心里没什么特别的存在感。那时的我就好像在一条黑漆漆的隧道里摸索前行，不知道要走多久，眼前才会骤然一亮，豁然开朗。那些夜里我常常茫然地望着窗外，远远近近的高楼在夜色里落下层层叠叠的黑影。偶尔我会长叹一口气，觉得自己空有一身力气却无处可使。那时来自外界的绝大部分回馈都是打击，我常常在晚上冒出许多胡思乱想，担心着各种各样的“怎么办”：怎么去应对采访？上综艺节目怎样才算有“点”？很多个晚上我都睁眼躺到天亮，但醒来见到灿烂阳光

一片，就什么都忘了。

那个阶段的滋味不好受，但我从未丢失过信心。那时不管环境也好，自己也好，都没有真正做好准备，我知道，我还没找到最恰当的立足点，属于我的时刻还没有到来。发专辑效果平平，我也不觉得失望，因为原本就没抱特别的希望。我很清楚唱歌不是自己最强的技能，也不会让我一鸣惊人。我谢绝了公司让我上综艺节目的安排，周围人都觉得我疯了，多好的机会啊！但我知道，即使站在现场，我最多只能做块“布景板”，即使因为一期节目多一些人认识我，效果也极其有限。这一切又有什么意义呢？选秀比赛的过程已经让我明白，“人气”这种东西很虚，没有作品的支撑，一时之间再高涨的热度也支撑不了多久。

我很清楚，要走更长远的路，就必须成为一个演员。刚开始拍电视剧的时候，我和明道他们一起去台湾宣传，我担当的是“举话筒”的角色：话筒递到我手里，我说一句“谢谢大家”就传给别人。走红地毯时，别人都有尖叫声相伴，但没人叫得出我的名字，那个场景也没有让我感到心酸或失落——既然还没有作品可以证明你的价值，就需要更耐心的等待和时间的酝酿。

我不急，但公司急。他们给我安排应对媒体的训练，试图争取一些新闻点，但在我看来，他们只是在逃避一些根本性的问题，比如本身的业务能力。我不想被这些所谓的模式左右。在采访里抖几句机灵话，适时卖惨给自己加戏，就算能博得几个娱乐新闻的标题，吸引到一些注意，也不是长久之策。我始终坚信一点，有了好的作品，才能有好的心态。有了自己的代表作，别人才会看到你、记住你，哪怕你不说话，也会成为人群的焦点。

电视剧《古剑奇谭》是我的转折点。那个夏天，"百里屠苏"这个角色让我成了新媒体热搜榜上的常客。电视剧播到第三个星期的时候，我和陈伟霆一起从上海去香港工作，在机场的时候突然看到许多粉丝在送机。第一次面对那种排山倒海一样的尖叫声，我们两个都很兴奋：哇，终于轮到我们了。预感是很奇怪的东西，虽然同期前后我还拍摄了其他一些作品，但在《古剑奇谭》播出前，我就隐隐认定，那个期待已久的时刻快来了。

爆炸式的关注度一度也让我在接受采访时感到紧张，怎么这个也会问，那个也会提？都是完全料想不到的问题。我对自己说，一定要保持镇定，把控住场面，这样人家才会觉得，你接得住这份关注，有潜力成为更好的演员；我还对自己说，一切才刚刚开始，不能把所有的轴都给压了。

让我欣慰的是，我从小的梦想不是一场空想。别人的方式再成功也不一定适用于我，只有按照让自己舒服的方式往

等待一个

“不同风向”的时刻

李易峰　　1987了

前走，我才能接近理想。可能是自信，可能是所有的挫败感没有打击到我的核心价值观，又或许是我并没有真正考虑过失败的可能，才渐渐有了现在的成绩。人要信一点“吸引力法则”，念念不忘，必有回响。

不单一的标准

从小学到初中，我的成绩都还不错，小学拿过的双百分是我的历史亮点。可惜，升入高中后，所有人都在拼命读书，我却不怎么认真，差距就出来了。我特别不擅长理科，一上数学课就犯困，物理、化学也让我头疼，考试前每一门心里都没底，临时的佛脚都抱不上。考卷上的选择题，第三道往后就不会了，大题第一道答完，第二道就只能勉强把所有能想起来的公式都列一下，从形式上争取到一点儿分数都好，再往后，就彻底无计可施了。有一回前排的同学“帮助”我，用手势指导我答案，两人配合过于默契，我考了一个不切实际的高分。作弊本来只是蒙混过关的下策，我还是有廉耻心的，非常不好意思。

要是时间可以倒回，我想回到高中重新好好念一次书，看看是真没那个天分呢，还是只是没用功而已。分享这些过往的糗事是因为，我认为读书并不是唯一通往成功的路，成绩也不是评判一个学生将来的唯一标准。我们在人生的每一个阶段都会碰上一些衡量优秀的标准，有些看得见，有些看不见。但如果你只有十岁，怎么可能在学校里就定下了终生的方向呢？后面的路还长着呢，谁能一眼看到头。

我也看到过一些新闻，一些微商或者网红在短时间内就靠做生意发了大财，他们好像也不需要特别的知识积累，也没有付出特别的努力，一切都自然到来，这就走向了另一个极端。我想说的是，在学校里成绩不拔尖的人，也会找到适合自己的方向，也可以有很好的发展，不应该因此就失去了自信，或者被老师一些暂时的评价打消了希望。

进初中的时候，我是个体育特长生。一位老师看了我的资料就想当然地认为，“特长生嘛，多半都是小混混”。第一次见我父母的时候，他就用一种意味深长的口气说：“我们以后会经常见面的。”我的父母觉得很奇怪，问他为什么，他只说：“看吧。”那时我刚入学，他完全不了解我，不知道我性格很乖，连学人家把校服裤腿翻卷起来都不愿意——在我心里那是“坏学生”的做法，和他的想象相去甚远。

我毕业时，那位老师特地来找我道歉，他以为自己很有经验，却在我这儿看走了眼。我很庆幸时间改变了他最初的偏见，但我们还是随处都会遇到类似的评判，一时一刻的标准，单一的价值体系，都充满了武断和主观。在成长的过程中，人人都需要真诚的鼓励，多一些换位思考不好吗？

大学我就读的专业是播音与主持，不过念了一年我就去参加“好男儿”比赛了，普通话没能练到真正意义上的字正腔圆。学校的学习有种种遗憾，但我坚信，学习本身不应该只限于某个特定的阶段，而是一辈子的事情。一个人能够成长，更重要的是拥有学习的能力和意识。自己意识到学习的重要性后主动寻找渠道，比强制的方式要有效很多。比如现在，因为工作的需要，我学好外语的愿望特别迫切。眼下没有特别固定完整的时间段上课，但我有很多实践的机会，事情总是有两面性，取其长就好。

To be the
special ONE

黄头发，黑西装

既然立志当明星，我当然要拥有对得起这个理想的形象。男生的发型是重中之重，从读书期间开始，每天起床后我都要洗了头发才出门。小学五六年级的时候，染发风潮刚刚兴起，偏巧我天生发色偏黄，老师还一度怀疑我小小年纪就赶时髦，直到把妈妈请到学校说明，才解开了误会。

我在班级里一直属于“行头”比较多的那种“时髦人”，不过既然学校规定穿校服，我最多也就在内搭的T恤上换换花样。参加“好男儿”比赛的时候，选手的造型基本都由造型师安排。不过，时代审美有局限，而且比赛也需要服装夸张些，现在偶尔翻到一些当时沾沾自喜觉得挺帅的造型，我只能皱眉头，说……那都什么呀。

我至今都记得第一次穿上西装时的兴奋。大学一年级时有一个典礼，所有男生都要求穿正装出席。我心里只有一个念头：终于轮到我了！小时候，每次看爸爸穿上西装都觉得帅到不行，超级偶像刘德华在电影里西装笔挺的潇洒模样也一直是我的向往。

西装是学校统一发的。那时的我完全没概念，哪里懂什么才是真正的合身，袖子不长就是唯一标准。套上西装，换上自己买的皮鞋，我迫不及待地在楼下走来走去，听皮鞋在地板上“嗒嗒嗒”的声音，心里满是得意，觉得自己像变了个人。

一群男生都是初尝西装的滋味，变着法子摆姿势合影，自以为狂跩酷炫。签约唱片公司后，我的老板无意中看到我们那次的合影，居然评价我“看起来像个不良少年”。我一直为此感到纳闷：虽然实际效果和我们的想象可能有点儿差距，但我毕竟穿着西装，怎么会给别人留下那样的印象？至今都觉得又是不解，又是好笑。

现在穿西装的机会多了，我也享受穿正装的感觉。每次去国外我都特别期待正装打扮，觉得是尝试的好机会，毕竟在国内，要是为了去吃顿饭都特地穿上西装，好像也太过隆重了。

平时出门，一般搭个两三套衣服我就能找到满意的造型，但如果那天运气不好，就怎么都找不到“对”的感觉。杂志是我的灵感来源之一，看到不错的造型我会记在心里，下次出门依样画葫芦试试。外出工作时，我不会把一堆“可穿可不穿”的备选盲目塞进箱子里，而是按照可能出席的场合事先搭配好全套，到时候依次取出就好。

我很喜欢别具风格的小饰品，自己购买之外，最开心的就是收到品牌的礼物。有时戴上那些还没有上市的别致小玩意儿，人群里独一无二的感觉好极了。为了寻找“独一无

二”，在国外买东西时我会有点儿“肆无忌惮”，喜欢的就收，都不看价格。去年查完账后我吓了一跳，花销这么厉害，暗自反省应该更节约一些。身为金牛座，我并不把“节俭”视为最高准则，能够自食其力，能够让自己开心、让周围人一起享受，这才是钱本来的意义。

去国外参加时装周也是一种很好的学习。除了能看到最新的时装和饰品，也可以和设计师见面，直接的交流也是一种资源的积累。第一次去时装周的时候我出席了好几个品牌的发布会，连轴转到有些晕乎。第一次坐在嘉宾席上，我又兴奋又不知所措，有了认可度我才可以坐在第一排，但怎样才能表现得专业一点儿呢？应该摆出怎样的姿势表情才不丢份儿呢？我默默观察了一下对面的贝克汉姆，嗯，专注一点就好。之后我就要求每次只去参加一个品牌的活动，在时间和心态上都可以从容一些。

出席红毯之类的正式场合，我更偏爱简单利落的正装加领结。作为一个演员，我希望“脸”是让大家印象最深刻的部分，而不是各种让人眼花缭乱的造型。拍杂志或广告就不同，既然强调创意，任何造

R-3000

型我都愿意尝试——当然，最好不要太过夸张。虽然从某种程度上来说，静态的照片和动态的影像都需要角色扮演，但拍照比拍片更需要技巧。我在摄像机前可以更自然连贯地做任何动作，但拍照时要更明白摄影师的“点”，动作不能太急、太快，不然成品很容易变成“移动的表情包”。

歌手的自觉

我当然做过白日梦：满大街都在播我的某首金曲，跳广场舞的大妈们都能熟悉到张口就来。但梦也只是梦。

很多人都说，眼下的音乐市场江河日下，他们总忍不住回望“黄金时代”，那时人才辈出，金曲不断。但我入行的时候，整个市场已经不在巅峰期，我无法感同身受那种留恋过去的情结，所以不会因为现在的状况失望，也没有背水一战的责任感。我只是喜欢唱歌。现在的身份偏向演员，我更少了一份“功利心”：出一首单曲也好，出一张专辑也好；在线上免费播放也好，灌录成CD也好；它不一定要得到许多关注，也不一定要打上榜单或者发行到一定的数量——有趣才是最重要的。

而且我有自知之明，我唱歌的天分没那么高，像张杰那么厉害的水准我这辈子都难以企及。天赋之外，职业歌手需要持之以恒的体能和嗓音训练，不管身在何地都要坚持每天跑步两小时增加肺活量，我自问做不到。还有，不管是什么演出，千万别安排我跳舞，协调性先天不足，我不想献丑。

奇怪的是，开始拍戏后，我突然“丧失”了记歌词的能力，以前这明明是我的强项。我只能安慰自己：也许只是按照工作的切实需要，它已经自动转变成了快速记忆台词的能力。要是歌词上下句出现排比或者同义反复的句子，往往唱完第一句后，我就怎么也想不起来第二句是什么了。演唱会上我不得不盯着提词器看，但我更想看观众的反应。升降台上升的那几秒里，我总会取下一边耳塞，感受一下四面八方的尖叫，和“哇”的声浪。那一瞬间，我好像成了世界之王——特别满足，特别带劲儿。

每次开演唱会我都挺感慨的。特别在成都体育场的时候，想到小时候来这里看过那么多场足球比赛，追过那么多人的演唱会，此时此刻，我自己竟然站在同一个舞台上。那个体育场可以容纳一万多名观众，一想到那么多人都是为我而来，心里就特别感动。现场总会发生许多不可控的事情，最让我担心的是破音。但如果真的发生了这个尴尬的情况，我反而会放松下来，这关都过了，就放开唱吧。技术不够好，我只能靠诚恳来弥补。开唱之前我会先和粉丝们道歉，我唱得不好，谢谢你们来。

不论是开演唱会还是出席颁奖典礼我都很少紧张，但要在冯小刚导演的喜剧电影20周年纪念晚会上唱歌，我真有点儿发怵。台下坐着的都是同行，我很犹豫，不知道是否应该尽歌手的责任和观众们互动一下，还是全程高冷就好，怎么做都有点儿怪怪的。好在我身上有一个看不见的开关，站上舞台的瞬间就能开启，虽然候场的时候总是紧张到不知如何是好，但一踏上舞台，就什么都忘了。

拍摄电影《老炮儿》的时候我的档期很紧张，但我硬是咬牙从中挤出时间来筹备了一系列演唱会，那是我对粉丝的承诺。第一场在北京举行，从头到尾我都沉浸在亢奋的状态里，时不时被各种感慨和感动淹没。那天唱完最后一首后，我和大家一起尖叫，和团队在台上拍照，情绪一直没下来。因为第二天一早就要进组，我特别要求不必安排庆功宴，觉得疯得差不多了，就自己回家了。

那天晚上我感到了一种前所未有的孤独。我有点儿后悔，问自己为什么要把时间安排得那么紧凑，连个缓冲的余地都没有。我在床上翻来覆去，怎么也睡不着，特别想找人聊聊，把刚才没撒干净的高昂劲儿挥洒一下。我刷微博刷朋友圈，看着一张张现场照片，仿佛那个站在台上的人不是我。但我也怕耽误第二天的工作，只得强逼着自己闭上眼睛，可一宿都乱梦不断。我知道，第二天一到片场，我就会进入另一个角色，在他的世界里琢磨他的故事，我的兴奋只能留在今夜，一切仿佛从未发生过。

Chapter—3

超越游戏规则

港片情结

小时候我家住平房，一间间房子挨在一起的那种。有个邻居家条件不错，那时已经买了录像机和录像带，我没事就去他家里蹭着看。他养了一只海狸鼠，那是一只体型巨大的老鼠，它和电视屏幕上那些江湖爱恨、快意恩仇一起在我脑海里留下了深刻的印象，相比之下，也不知道它们哪一个更具奇幻色彩。

上世纪八九十年代的经典香港电影里，我最喜欢《英雄本色》还有《双龙会》，反复看了好多遍。周星驰的电影当然是居家旅行的必备佳品，只是当时没看懂《大话西游》，更喜欢的是《大内密探》——那时的我下意识觉得，周星驰的电影就是疯狂恶搞，让人大笑。

我最喜欢的一部电影当属《雷洛传》，刘德华在其中的一举手一投足，都成就了我心里对“帅”的最高定义。他是我知道的第一个明星，也是我一眼就“爱”上的偶像。他和爸爸有几分神似——都是浓眉大眼，梳起溜光水滑的背头时，简直耀眼到发光。小时候我还模仿过他在《五虎将之决裂》里最后一幕斗枪的情景，手枪在手指间翻转，之后是一阵“啪啪啪”的射击，干脆利落，意犹未尽。可惜我始终没法用玩

具枪耍出电影里那种酷炫的效果来。

汶川地震之后，我参加了成都区的义演，当天许多港台艺人都在现场，包括刘德华。我在流程单上看到他的节目就排在我的后面，所以在舞台入口候场时，一心希望能拖延几分钟上台，这样就可以见到他本人了。我的“计划”得逞了，看到他朝我走来的时候，我紧张到双腿都开始发抖，心里冒出各种“迷弟”般的感慨：他的皮肤怎么那么紧致？耳朵看起来都在发亮。他整个人看起来怎么那么年轻？眼角眉梢都是味道，发型也恰到好处……后来听工作人员说，我和他握完手后，是以小碎步的方式默默退到边上去的。

下场后，碰巧他又经过我的休息区，我想也没想，站起来朝他鞠了一个90度的躬，还问能不能单独合个影。刘德华答应后我才意识到自己没带相机，看到边上有一个大叔扛着专业相机，就赶忙求他帮忙，没想到他其实是刘德华的工作人员。我有点儿窘，但刘德华非常善解人意地让我留下邮箱地址，还特别嘱咐摄影师记得把照片发给我。当晚一点多，我忐忑地打开电脑，合影已经静静躺在了邮箱里。我看着照片里的自己只能皱眉头，唯一的想法就是：唉，他真是比我好看太多了。

那次义演我也遇到了成龙大哥，可惜没来得及说上话。幸而后来我们见面的机会不少，逐渐熟悉起来，如今还能不时一起坐下来喝点儿酒。我告诉他我特别喜欢他的一部片子，没想到他摆摆手说，那是部烂片。

在这些心仪的偶像面前，我会比平时拘谨一些。倒不是胆怯，而是又害羞又激动，有点儿不知道怎么表达才妥当。时间久一些我就会放松很多，不过我说的“久”是真的挺长一段时间——即使已经见过刘德华三次，在他面前我还是特别紧张，特别希望有一天我可以自在地和他喝酒，聊个畅快。

我们这一代人都是看着香港电影长大的。即使知道当时因为客观条件的限制，许多电影也有粗制滥造或是虎头蛇尾的问题，但说起以前，总觉得随便挑一部出来都是经典。这种集体记忆也应该归功于当年香港电影的影响力和文化辐射力。如今内地的制作水准越来越高，合拍片已是大势所趋，但我心里很期待看到一些纯正的“港片”，处处烙上鲜明的香港地域文化印记，和独属于那个城市的悲欢离合。我也很想参演——但矛盾之处在于，身为大陆演员，我一加入就会把电影变成合拍片。如果有人翻拍那些经典作品的话我也很想参与，最好所有角色的造型、所有呈现的场景都复刻原版，应该会很好玩。不过一定会有人反对这种做法。留在记忆里的东西才永远美好，永远不会让人失望。

当年在各个片场奔波的演员们，许多已经渐渐靠作品走上神坛，但他们仍然保持着创作的状态，敬业的态度也不曾

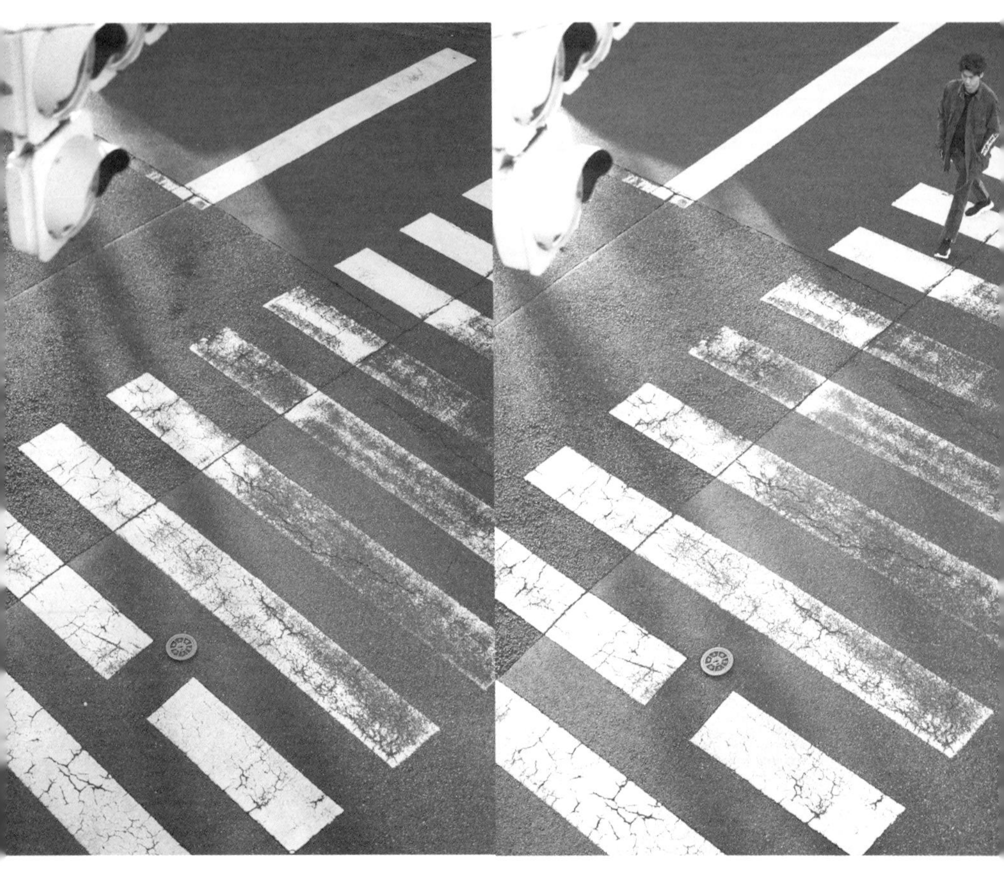

因为“江湖地位”的变化而松懈了一丝一毫。成龙大哥去参加春晚的彩排，有几天时间持续得特别久，近半夜十二点还没结束。工作人员向他表示歉意，他却说：“我不辛苦，我只是在这里等着，辛苦的是你们。”有些细节他觉得效果不好，主动要求重录：“你们有要求，我对自己也有要求。”这些前辈能够几十年如一日地保持口碑，的确有让人信服的道理。

还有冯小刚导演。他已经有了那么多成功的电影作品，转身竟然还拿下了金马奖影帝。我对他的一句话印象深刻，他说“导演”不是一个名词，而是一个动词。无论过去曾经获得过怎样的成绩，立下过怎样的里程碑，他们都不曾停下脚步，更没有一直回头留恋。他们的目光始终望着未知的前方，望着自己没尝试过的新鲜事。

不管是什么类型、多具分量的奖项，它都只是对你某一个阶段的肯定。奖颁完了，就是全新的开始，它只代表过去，并不保证将来。今年你是最有价值的那个，但明年如果不够努力，就会被更出色的人代替。我得到“百花奖最佳男配角”，也许有人认为名不副实，也许有人觉得实至名归，但它已经过去了。我很感谢“金鸡百花”颁这个奖给我，它给了我这样的年轻演员一份沉甸甸的鼓励。它也在提醒我，如果有人认为我还不够好，我就应该更加努力去用作品获得肯定。重要的是，往后的每一步，我都要走得更扎实。

身为演员，就要接受一个事实：每个人都会对你有不同的评判和看法，他们站在不同的角度，抱有不同的目的，很多时候，我们只是一个观点的投射对象而已。外面那些声音并不是最重要的，无论在工作上还是生活里，前进的信心还是来自于自己对自己的肯定，与其去分析各种声音的来源和意义，不如更相信自己的感觉，更坚定心里的目标。

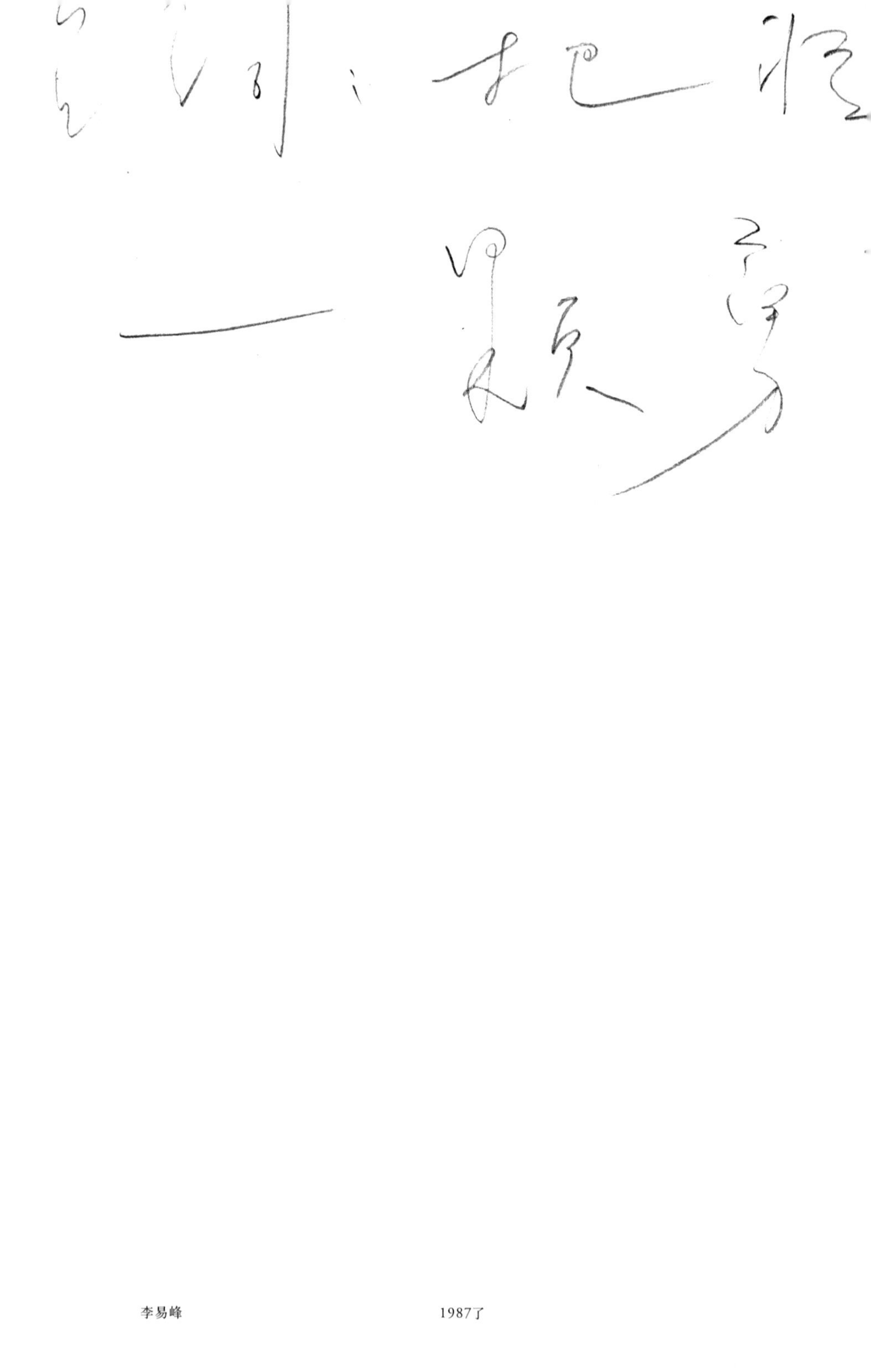

复刻的假想

如果可以从经典港片里选一幕来挑战，我特别想演《阿飞正传》最后的3分钟长镜头。梁朝伟曾在之后的采访中提到，他当时遇到了表演的瓶颈，那段时光自己好像无法从演员这个职业中找到满足感。拍王家卫的一条镜头他NG了27次，信心遭到了彻底摧毁，他怀疑自己是否根本不会演戏，半夜在家里闷声不吭地拖地板，把刘嘉玲吓了一跳。那之后一切反而豁然开朗，他才意识到，原来自己可以完成那种难度的表演。

一次在颁奖礼上我碰到了王庆祥老师，他说起过拍摄王家卫的《一代宗师》时的状况。他是一个极其有经验的老演员，在拍摄的第一天翻来覆去全是NG。刚开始他还能扛住，后来心里实在受不了，就溜出去抽烟。梁朝伟和他讲，你千万稳住，过了这一段就好了。王老师说起当时的感觉，就是几十年的戏都白拍了，自己好像第一天站在摄像机前一样，什么都不懂。我想象过那种崩溃，也想体会一下被整个砸碎的感觉，看看那个过程之后，自己会露出什么模样。

有时在电影里看到一些精彩的表演，我会在心里默默跟着演一遍，如果还不过瘾，就回家对着镜子再来一次。我

很小的时候，有一个古怪的习惯，有时哭着哭着会停下来，突然开始笑——那一刻就是有点儿好奇，这样悲伤的时候，笑起来会是怎样的感受？那时完全没有表演的意识，回想起来，倒有点儿像一人分饰两角的游戏。

我印象最深的表演实践是和同学们一起玩Cosplay，演日本漫画《甲贺忍法帖》。当时大学里有个社团，很厉害，自己写剧本和台词，自己化妆、做造型。各校社团还会组织一起演出交流。汇演当天我扮演一个忍者，妆容特色就是把眉毛描到粗得很夸张。同学们有扮蜘蛛的，有扮老太太的，一群人在快餐店里化好妆，然后一起耀武扬威地上街打车。出租车司机一路战战兢兢，不时偷瞄我们几眼，到了目的地，看到满街都是各种奇怪打扮的人，才明白是怎么回事。

我对喜剧也很有兴趣，有机会的话很想尝试《东成西就》类型的风格。最好有一群人带着我一起“玩”，这样更容易“放飞自我”。完全靠自己，我可能会有各种各样的顾忌，但是有好玩的对手一起搭戏，一群人一块儿疯，就特别有意思。能演好喜剧的人都很聪明，要用很高级的演技处理细节。让人由衷地笑起来，比让人掉眼泪要难上许多。

拍摄时，我NG最多的状况都是笑场。最怕大家休息时闲聊，一个不小心就聊出了一个笑点……那完了。我和刘烨一起拍《建军大业》时就遇上了这样的情况。他扮演的是毛主席，戏份很严肃，可是我总觉得他随时会绷不住笑出声儿来。主席的眼神要在每个同志身上停留一会儿，我心里一直在暗暗喊：“别别别，别看我。”可他居然瞟了我一眼就迅速晃了过去。这让我分了神——“真是太坏了，那么不负责任！”念头一起，我立刻笑场。后来甚至一想到我们的目光快对上，我就忍不住笑场。简直成了一个过不去的坎儿。我和导演提出过能否尽量别让我们俩同框，导演当然不会同意。从此我吸取了教训，拍戏休息时别聊天，就怕遇上那些无可奈何的笑点。

定义未来

如果用年代来区分，我最喜欢拍现代戏。我特别期待出现一个真正高水准的作品，不是说现在没有好戏，但我的期待是出现一部可以重新定义偶像剧的现代戏。用手机来打个比方，虽然我们手里现在握着的小方块机器还叫“手机”，但它已经被重新定义，功能早就远远超过了打电话。

过去的偶像剧大多功能单一，但就算是被认为充满老套狗血桥段的台湾偶像剧，也有让人感动的纯粹的力量。好作品不一定要背负上“讲述人生真谛”的重任，偶像剧市场也还有巨大的潜力和空间，题材和角度都还可以不断推陈出新。可惜，现在的市场状况往往是，一部《古剑奇谭》火了，“嗖嗖嗖”，一堆古装奇幻剧跟着出炉；《伪装者》火了，“嗖嗖嗖”，屏幕上立刻填满了各种谍战剧。制作方认为“观众喜欢看”，于是一个时期里电视剧的题材总是相似或重复，但其实，我们完全有能力创造出更多新鲜的东西，需要的只是多一些精雕细琢的耐心。

以前许多演员被批“太土”，拍的剧又被说成“不够洋气”。我们这一拨年轻演员在成长的过程中挨的批评相对还算少，但心里其实一样着急，希望内容可以更多元化一些，制作的各个环节能够进一步专业化，质量可以比宣传更靠谱。我也曾经对一些作品抱以期待，但最后却只能无奈接受一个不那么尽如人意的结果。在条件允许的范围内，我希望和好的制作公司、好的剧本、好的团队合作。与许多制片人和导演见面时，我都会聊一聊自己的想法，不管成熟不成熟，都希望一起找到一些新的可能性。我希望我们除了缅怀追忆香港电影黄金时期的氛围之外，也可以像那批创作者一样，齐心协力"玩"出一点新意。

被动性是演员的职业属性之一。就算在表演时付出了120%的心力，效果也可能因为剪辑等等原因被削减。在外界眼里，我们这批年轻而且有了一些知名度的演员从来不愁资源，但实际上我们真正可以选择的范围很小很有限，特别是在电影方面。机会讲究天时地利人和，角色的选择过程中，有很多因素会左右最后的决定。我最重要的标准其实特别简单：自己喜欢。不管其他条件如何诱人，这关过不了，怎么也演不舒服。

《真爱谎言》的导演高林豹，《活色生香》的导演何澍培，《老炮儿》的导演管虎，这几位都给了我极大的启发。他们不仅教会我如何去进一步理解角色，也给予了我成为演员的信心。管虎导演曾在媒体面前给过我很高的评价，我想，或许他最初对我也没抱什么期待。就算别人一开始对我没有充分的认可，我也不会介意。印象和事实不一定吻合，彼此都需要时间去进一步了解和磨合。

拍摄《老炮儿》之前，我问了管虎导演一个特别的问题："你能保护我吗？"我说的"保护"不是保持偶像光环，更不是维持外形上的那些既定印象，而是一种耐心。之前我没有参与过那么大制作的电影，没有和那么优秀的导演和演员合作过，我希望他不只是把我当作一个有名气、有人气的偶像小生，更不希望我的加入只能为提高话题度"做贡献"。我可以把自己彻底交给他，我相信他知道什么是最合适的。后来他告诉我，因为这个问题，他对我有了些不同的认识。

我不是科班出身的演员，每一个机会对我来说都是学习的实战。我可以承认自己不够有经验，但不能忍受自己太笨。如果发生了没背下台词，或者记不住武打动作的套招之类的情况，我就会特别急，甚至会摔东西，或者干脆跑去边上骂自己：你就那么笨吗？你就做不到吗？其实情绪平复一下也就过去了，但我知道自己发脾气的动静有点儿大，现在也努力压着。我也担心，如果群众演员中正好埋伏着一个狗仔，随手录一条视频放上网去，又是一条"要大牌"的罪证。可别人又怎么知道其中的前因后果呢？

大家都爱掰扯"偶像"这两个字，很多人都避免往"偶像"上靠，毕竟，被公认为实力派的演员可以自称是偶像派，打趣“靠脸行走江湖”，大家还会觉得那是种范儿；但如果一个被定义为偶像派的演员说自己想成为实力派，有“艺术家”的梦想，好像反而自讨没趣——你有什么？根本什么都没有！

有一段时间我总说自己就是“偶像派”，故意说“脸很重要，我就是靠这个”，这有那么点儿较劲的意味。曾经有人试图纠正我，甚至还有人认真地质疑：“你是不是觉得除了脸之外，别的什么都不重要呢？”唉，这样游戏就不好玩儿了。过去对“偶像派”的定义现在还适用吗？就算是偶像派，一辈子就只能死守偶像派吗？我可以转型、成长、改变吗？

这个问题没有标准答案，我还没有找到最合适的应答方式，我之前的许多前辈，包括那些香港电影黄金时代的中流砥柱们，也仍然被这个问题纠缠着。我不认为要刻意用某种方式让观众忘记我的形象，有一张漂亮的脸蛋和拍出真正好的作品，这两者之间并没有矛盾。不能因为听到几句“你不会演戏”的评论，就要铆足了劲儿从外表上甩掉“偶像”的帽子——就算能甩掉，又能在一夜之间变身真正的实力派吗？别人如何定义我，我管不了；辛苦花上几十年的时间只为改变别人的看法，我不会开心，也毫无意义。我只在乎如何达到自己的要求，我相信自己没那么差劲，有朝一日，也能成长为一个真正专业的演员。

偶像派　实力派

我期待看到，我们的演员可以真正称霸整个亚洲市场，重振“雷洛探长”时代的文化影响力。如果我们这一代还做不到，那么我希望下一代的演员能够实现。那时候，无论是中国的电影、电视剧，还是中国的男演员、女演员，都代表着质量的最高标准，中国的影视工作者在世界任何地方都能得到真正的尊重。我希望自己还能保持一点儿心气，喊口号没意义，说理想太空泛，好好拍戏才是正道。

翻过山丘

出窍的体验

拍电视剧《麻雀》的时候，我特别佩服李小冉。她可以做到眼泪说来就来，“哗哗”哭得好像拧开了水龙头，一条拍完了，我居然听到她问导演：“我们再来试一条没有眼泪的，看看效果如何？”

那一刻我只有一个念头，我理解不了，真理解不了。怎么能这样呢？我总在担心自己的哭戏，到了那个情绪点，眼泪要是还掉不下来怎么办。越想怎么办，心里越急，往往眼泪更不见踪影。小冉姐这样，不是……在我这儿炫富吗？

拍电影《心理罪》的时候，有一场需要爆发力的哭戏，我扮演的方木在得知了女朋友的死讯后去警察局画像。开拍前我一直在酝酿情绪，努力沉浸到方木的感受里：痛失挚爱，还无法从愤怒和震惊中剥离出真实感，他会如何反应？第一条开拍，所有人准备，导演倒数“3、2、1”的话音还未落，我只觉得胸口骤然凝起一股闷气，澎湃汹涌，却无法抒出，整个人无法抑制地开始剧烈颤抖。开口说台词，句不成音，全都堵在嗓子口。我开始崩溃一样号啕大哭，收都收不住。

结束后导演和我说，很好，不过前面再收一点就更好了。那一刻我长舒了一口气，嘿，终于有人和我说这句话了。恰到好处地表达情绪，分离出其中的层次感，这些方面我都还有很长一段路要走，但这一次预料之外的体会，给我带来了舒爽的痛快感，有点儿像出窍，仿佛我真的成了另一个人。

演员需要一种对人情世故的敏感，而我的成长一路来都很顺利，家里所有人都给予了我饱满的爱。这是一种幸运，生活没有过早向我揭示人性中的阴暗面，也没有让我一早就遭遇人情冷暖，更没有让我在坎坷和挫折中挣扎。参加《加油！好男儿》比赛的时候我还在念大学一年级，从学校那样单纯的环境，直接被丢进了娱乐圈这样复杂的地方，我开始急速学习如何应对一个真实的世界。任何情绪我都会挂在脸上，性格又直接，想来一路上无意中得罪过不少人。但摸爬滚打的一路也让我坚定了一个信念：苦涩也好，懊恼也好，除了继续做自己，我别无他法。许多事情也曾在我心里“咯噔”一下，可是到第二天我就全忘了，说到底，我没有真正往心里去。

成为演员，我最初是被那个虚拟的世界吸引，看起来什么都又新鲜又好玩。渐渐地，我和角色之间有了真正的联结和交流；许多前辈的嘱咐和建议，以前没听明白，现在也在心里不断发酵，让我咀嚼出不同的意义来。曾有人语重心长

台词："一个
一样的
人 [illegible] 活过"

李易峰　　1987了

地对我说:“一个男演员,三十岁乃至三十五岁之后才会渐入佳境。”即使现在还有种种不足,我还有充足的时间去实验和学习。我的目标不是赢得几个漂亮的“标签”,更无心向谁证明什么,只想保持自己的节奏,一步一个脚印。

我记台词的本领还不错。开始担当主角后,每部戏的台词量都不小,但基本上很快就能记住。有些剧本里掺杂了大量的专业词汇,比如《麻雀》,我背起来就会有点儿困难。我不要求实拍的时候自己念得和剧本上一字不差,但重要的部分一定要有,必须要对。在我看来,只要有能力把台词消化成自己的语言,一切就自然舒畅起来。我特别害怕的结果,就是观众一看就知道我在死记硬背。在电视剧《真爱谎言》中,我演一个有过目不忘本领的自闭症患者,有一幕是他要说一大段莫扎特的生平,准备的时候我别无他法,只能硬着头皮一个个字啃,简直重回小时候背课文的噩梦。也“幸亏”他是一个自闭症患者,篇幅虽然长,但台词说流利就好,不需要加入特别的情绪。我对台词没有惧怕感,毕竟走戏时能练习一遍,导演对台词时能练一遍,万一正式开拍时没说顺溜,还有NG的机会,有一个渐渐熟悉的过程。

为了完成拍摄要求,许多时候演员都要挑战自己的极限,但平时的生活里多半没机会尝试那些事情,这反而成就了许多有趣难忘的回忆。我一直把它们划分入“正常工作内

容”的范围，没必要夸大为辛苦。我们在横店拍摄《古剑奇谭》时恰逢夏天，进组前所有人都“恐吓”我说：“疯了吧，横店的夏天简直比火炉还像火炉。”但那么难得的机会放在眼前，天气再热，咬咬牙就忍过去了。那时我每天凌晨四点起床化妆，只要天上没下刀子，拍摄就照常进行。有几天热到难以描述，我对自己只有一个要求：不要抱怨。所有人都在经历同样的高温，天气更不会因为我的抱怨发生改变。

演员经常遇到反季节拍戏的情况，简直像墨菲定律一样，越冷的天就越容易碰上下水的戏。有一次在冬天拍古装戏，果不其然，又有跳水的戏份。那天河水几近冰点，我也没磨蹭，拿过白酒灌了几口，就横下心跳了下去。一入水我就接不上气来，浑身肌肉都无法抑制地绷紧，简直心慌意乱。好不容易缓过些神来，就听到导演在岸上喊话，我已经冻得恨不能蜷缩成一团，只断断续续听到他说：“你要有……悠闲自在的……感觉……享受大自然……”那时我的头脑几乎一片空白，但还是下意识地伸展开手脚，努力表达出导演要的感觉。那一刻我心里反复飞过一条弹幕：“这一条尽量多拍一点！我不能白下水啊！”

拍戏初期，出于好奇，也因为无知，我总是喜欢坐在导演边上看他工作，后来才意识到这样会打搅到他们。作为一个“好奇宝宝”，我一直喜欢在现场东张西望，观察工作人员，向他们求教各种问题。我觉得最酷的是灯光师，想想这场面：手指往左边一点——“3000的灯往那边，片子过来一点，再升高一点”；又或者努一努嘴——“那个300的往后退一点，再加个米菠萝”，简直一切尽在掌握之中。对灯光还似懂非懂的时候我就喜欢逗灯光师，比如突然假装严肃地问他们：“今天有好好打光吗？”又或者冷不丁来一句：“为什么他们有加米菠萝，我没有？”都是玩笑话，我心里一直感激他们的认真，总是考虑周到，控制精准。

我现在的理想，是成为一个“逐渐向优秀演员靠拢的明星”。我当然想成为一个好演员，但现阶段还有许多其他工作我都想尝试，抛开所有一切，一门心思琢磨表演，我暂时做不到。常常听到有人说“前辈们如何如何”，但时代的车轮不停向前滚动，对演员的要求也不再单一，大环境不同，是否也不该用同一种标准去框定？表演这件事上我到底有没有天赋，我心里清楚，但没有必要说出来，就让时间来证明吧。

遇强——则强——

我的“偶像包袱”

每一个角色，每一个，在开拍前我都会发怵，觉得难，怀疑自己是否有能力演绎好。我并非科班出身，一边实践一边学习，起点不算高，但我有那么点儿好胜心，是遇强则强的类型。

记得第一次拍戏的时候，有一个细节是让我去撕粘在墙上的纸，我怎么都没法儿完整揭下来，就特别老实地向导演道歉。导演哭笑不得，说：“撕成什么样就什么样，这不是原则性的问题啊！”那时我没经验，也不懂举一反三，但总算知道吸取教训。拍《活色生香》时，有一幕是我扮演的宁致远晚上偷偷溜出门，被他爹发现了。他看到我手上拿着根棍子，就问：“你干吗去呢？又去惹事，又去打人？”我说没有没有，我在这儿练棍呢。说着便把棍子往地上一砸，没料到它居然断了！当时完全出于本能的反应，我一脸惊讶地说：“断了？”这个意外反而让导演觉得更生动，我心里恍然大悟，哦，原来可以这样。顺势而为，允许出现设计外的细节，才是活生生的人物啊。

也是在拍《活色生香》的时候，第一天我完全没有进入状态，前几场戏都不知道自己在演什么。后来我才知道，那

偶像

李易峰　　1987了

天导演和摄影师也在一起嘀咕了一天:“这人行不行啊?”那个角色和我的性格反差很大,在一个新的团队中我又有些拘束,放不开。幸好导演没有因为第一天的表现就彻底否定我,我找到人物善良但玩世不恭的感觉后,怎么演都是对的。演员和角色之间也需要一个互相熟悉的过程,面对彼此会感到紧张和不自在,会暗自揣摩该用怎样的方式契合在一起。

角色的状态和性格会对我产生潜移默化的影响。演自闭症患者那段时间,妈妈打电话给我时发现我变得特别沉闷。拍《麻雀》的时候我始终处在焦躁的状态,因为扮演的陈深把许多事情都压在心里。在房间休息时我也坐不定,总忍不住走来走去。我知道这只是一个开始,我更希望自己能够彻底变成角色本人,彻底豁出去,忘记自我的存在,忘记这是表演。

这几年我常常有机会和一些特别厉害的前辈合作,总想从他们身上多学到一些东西,特别是保持专注的方法。他们的专业经验和人生阅历都比我成熟,我很渴望听听他们的见解和分析角度。但每个人有自己的理解方式和表演方法,不用一味否认自己,在各种意见面前无所适从,那样就失去了自己的立足点。表演只有合适与不合适,没有绝对的对与错。我在拍摄现场会要求至少试一下自己的方法,不试怎么知道是否行得通呢?但我很少看回放,哪些部分处理得好,哪些地方没有到位，我心里都明白。我觉得人要有自知之明，懂得自我判断。

我会为角色设计一些外形上的小细节。“百里屠苏”的中分发型是我自己特别要求的，虽然被许多网友吐槽不够好看，但游戏里的人物原型就是这个标志性发型，我不能为了让自己看起来更帅而改变这一点。拍摄电影《动物世界》之前，我特意把头发留长了一点儿，还给导演看了许多自己找来的参考图片，问他这次能不能按照角色的感觉换一个不同感觉的发型。在我的理解里，人物的头发应该略长，看起来湿湿的、油油的，导演也认同这个建议。虽然最终定妆时还是做了一些调整，但收集资料的过程让我更加确信，要“变成”另一个人，从内心到外在都要做好充分的细节准备。

从成为演员开始就有导演说，我长得太漂亮，不适合演普通人。即使我真的不适合演太过“接地气”的角色，我也不介意扮丑或者破坏形象，而且毫无心理压力——演员没有什么是打破不了的。这份职业本身就包含了“服务”的性质，别人付你片酬给你机会，达到要求是应该的。不过“偶像包袱”也不是说丢就丢的，第一次剃光头的“恐怖”记忆还历历在目，我至今都能清晰想起电动剃刀“突——”的声音，简直心惊肉跳。那天我就像是坐在刑场上等待被行刑的犯人，又无助又惶恐，看到一半头发落地的时候，想到脑袋上只剩另一

半头发的惨状，我都快哭了。那时思想还没放开，头发长到比寸头略长一些的时候我觉得特别尴尬，怎么打理都不顺心，还好那时我还不怎么红，干脆在家里躲了一阵，等头发慢慢长回来。

要想在专业上有所进步，我知道自己还要积累更多知识。但我还是更多凭自己的喜好选择，时间那么有限，还是不要勉强自己硬着头皮去看没特别兴趣的作品了。我最喜欢悬疑惊悚类的电影，有时间的话会尽量去电影院看，自己参演的电影我也一定会看大银幕的版本。很多演员看自己的作品时会觉得很难退回一个普通观众的角度，而是自动跳入“吹毛求疵”模式，看到不满意的地方就觉得特别尴尬，我也一样。《老炮儿》是唯一的例外，因为我的戏份不多。

时间流逝 见了小[illegible]
也只知道逃避 三会的伤心

李易峰　　　　1987了

Chapter — 5

降落在生活

妈妈箴言

1. 早上起来要空腹喝一杯温开水。

2. 吃完饭后不能马上洗澡，伤胃。

3. 定点吃饭，不吃隔夜菜。

4. 人多的地方不要去。

5. 不要见谁就立刻掏心掏肺，
要适当保护自己。

6. 整理东西要有条理。

7. 30岁左右结婚最合适。目前看来，35岁前也行。

8. 不管碰上什么事情，保持身体健康，
别有压力就好。

9. 如果不听妈妈的话，就会犯错误。

10. 如果觉得妈妈说的不对，请参看上一条。

170
16

160
160

没有路边摊的童年

从小到大我最喜欢两项运动：踢足球和打篮球。足球我喜欢踢中场前锋位置：讲求速度和传球的技巧，特别突出个人表现力，也是进球的主力。虽然大家在场上多少也暗存了些要帅炫技的心思，但绝不允许华而不实的表现，必须拼真功夫。有时我会假装严肃地和队员们开玩笑："我都站这儿了，哪儿轮得到你要帅！"

虽然那时也不可能参加全市、全省规模的比赛，但每一场比赛我们都严阵以待，拼尽全力。高中时有一场全年级足球总决赛，周一正式比赛，周末补完课后，我一时技痒，练了会儿篮球。抢篮板时一个不小心踩在了队友脚上，他没事，我却崴了脚。眼看不管热敷冰敷，我都没法立刻恢复，没办法，比赛只能临时换人。这让我至今想起来都感到心痛。

队友们总是一有时间就凑在一起训练，但通常训练结束后，我就自个儿回家了，不参加大家的街头聚餐。真不是我不合群，只是妈妈一直语重心长地劝我不要吃路边摊，我也就严格遵守这一教导了。曾有朋友问我，从来没吃过路边摊的人生会不会觉得少了点儿什么？毕竟，一起围坐在路边胡吃海喝也是珍贵的集体回忆，是烙上"年轻"属性的标志性场景。

但我不遗憾，也不后悔。那是我自己的选择，如果瞒着父母偷偷去吃也没问题，但我不认为有那样的必要，既然有更好、更干净的食物可以选择，为什么一定要吃路边摊呢？我和同学们有许多其他的机会“深化”友情。同理，我选择不去网吧，也从来不会彻夜不归。这些当然是家人对我的要求，但并不意味着他们说任何话我都会言听计从。我认“道理”，只要有理有据，我就会打心眼里认同，并且遵守彼此的约定。这也是我的原则之一：一定要以理服人。

妈妈很擅长从各种小事中总结出“箴言”来。小时候，成都一到圣诞夜就会把一些马路划定为步行区，以便大家庆祝游玩。有一年圣诞前夕我突发高烧，圣诞夜当晚被送去医院打点滴。我躺在床上的时候，边上推进来一个男青年，已经奄奄一息了。后来听说他在街上玩过火了，被人捅了一刀。触目惊心的事实摆在眼前，妈妈当机立断抓紧时间教育：“看吧，人多的地方尽量别去，年轻人不知轻重，玩过火是常事，碰上这样的危险怎么办？”那人身下的白床单已经被染上了一大块红色，我心里又是惋惜又是害怕，立刻谨记下妈妈说的每一个字——我以后可是要做巨星的，万一受个伤破个相，后悔都来不及！

很多人都在采访时问过我，叛逆期你有没有做过什么特别出格的事情？实际上，我的青春期平稳顺遂，不仅没什么事算得上“出格”，甚至都找不出一段可以被称为“叛逆期”的时光。何必要用一些外在的表现刻意强调自己与众不同？为什么要和关爱我的家人针锋相对？他们只是希望我安全健康，懂得量力而行。

我的性格中有特别实际的一面。小时候就算想过离家出走，念头一起就立刻被一连串的问号给灭了：在外面吃什么？又住在哪里呢？那时没有手机，万一后悔了想联系家人，我又怎么和他们联系呢？

一路走到现在，可谓无惊也无险。现在能够让我畅快打球、踢球的机会不多。至于原因，时间有限之外，身体素质到底比不上学生时代的状态，我也不想重蹈覆辙，因为图一时的痛快意外受伤，影响工作的进程。不过，“收集球鞋”这个衍生的爱好不仅保留至今，还得到了发扬光大。我的第一双篮球鞋是阿迪达斯的Crazy——1998年的全明星赛场上，我的超级偶像科比和乔丹对决时穿的就是这款鞋，从那时起它就成了我的“梦想战靴”。长大后才意识到我自己的那双原来是冒牌货，小时候哪里懂得真假。有能力赚钱后，我买齐了每一款Crazy，各种颜色一应俱全，不仅好穿实用，就算放在家里过眼瘾都觉得开心。

成为艺人后我常常东奔西跑，虽然每天都会和家人联系，但他们毕竟不能像以前那样时时刻刻照顾我、叮嘱我。是时候靠自己来照顾自己了，我也在实践中总结经验，尽量避免让生活和工作出现意外的麻烦。拍摄时期的作息往往不怎么规律，比起“不能按时吃饭”，我更忍不了“不能睡觉”。毕竟，偶尔少吃一顿可以权当减肥，睡眠不足会让我面目憔悴，影响镜头上的表现。拍摄进度特别紧张的时候，我逮着空就补眠，要是正好碰上可以躺着拍摄的镜头，趁布灯换景的那一小会儿，我都能眯眼睡过去。

现在我对整理行李已经颇有心得，不会丢三落四，也不会背一堆没用的东西上路。如果出国还有购物的计划，就干脆多带一个空箱子。我自以为自己随遇而安，不过最近才发现我其实对休息的环境还是有那么点儿要求，比如太软的床会让我失眠。以前要是事先知道住宿的条件一般，我会随身自备一套床上用品，不过我拒绝了妈妈要我带上毛巾的建议——出门在外，就因陋就简吧。

每次去横店拍摄前我都要做心理建设，特别是出发的前一晚。从北京坐两小时飞机到杭州，再坐两小时的车进山，一想到这漫长的路途我就头疼。不过，在横店拍过三次戏之后，我却体会出那里的好处来。以前我一听在北京拍戏就很高兴，可以住在自己家里，什么都方便自在。但时间一久，我就发现不是那么回事儿，如果收工早一点，我就会想着是不是还可以约朋友喝杯酒，或者一起去什么地方玩儿。相比之下，横店看起来与世隔绝，生活非常单调，但生活很有规律，注意力也更集中，我很喜欢那种简单。

去梦里吃一碗面

我对食物颇为挑剔：一是食材必须新鲜，二来用餐环境必须卫生，三是它最好是川菜。

作为一个成都人，我能够忍受离开川菜和火锅的时间极限是两天。每次去国外，一开始我总是兴致勃勃地吵着要吃当地菜，还嘲笑那些一心想找中餐馆的朋友："傻不傻呀，来都来了，当然要感受一下当地的环境和美食啊！"两天之后，周围人就会带着神秘的微笑，听到我在那儿到处打听："中国城在哪儿？哪儿有正宗一点的川菜和火锅？"

记得一次在摩纳哥，大家慕名去一家米其林餐厅，菜还没上呢，在座的一位同事就从包里掏出了一罐油炸辣椒酱。我简直震惊！我说："你们能不能有点儿出息？这一米其林餐厅，哪儿有你们这样自带酱料的？那么贵的菜摆在面前，能不能好好用心尝一下它特别的风味？人家老外都看着呢，行不行啊？"牢骚一时爽，打脸立刻响。没吃几口，他们投入的样子让我的馋虫探出了头，加上他们不断地交口称赞，说这么一调味风味更佳……我一个没忍住，也开始往盘子里加辣椒酱。果然不同凡响！

现在去国外，我一定记得往行李里搁几包火锅底料，以备不时之需。

在我家，爸爸妈妈轮流掌勺。过去爸爸常常要外出工作，现在有更多的时间和心思琢磨厨艺，所以相比之下技高一筹。但妈妈有她特别的本事，在外面吃了什么菜，回家基本就能依样画葫芦做出来，还能指点爸爸其中的精妙之处。现在只要我进剧组，父母总会找各种理由来探班。虽然他们口口声声说："我们就是旅游，顺便来看看你。"但我知道，爸爸就是怕我在外面吃不习惯，总觉得他做的菜用料才放心，才合我口味。

为了让他们放心，也为了不浪费我家厨艺的天赋基因，我也开始认真向爸爸取经学习做菜。第一次下厨的效果就不错，如今自己煲个汤、做几个小菜已经易如反掌，最擅长的当属水煮肉片和回锅肉。我所有的配方和调味秘诀都来自父母，他们告诉我要一边做一边尝，这是好厨子的基本要诀之一。作为唯二品尝过我手艺的人，他们对菜的色、香、味都如实相告，鼓励我更上一层楼。

我们总会对一些食物有特别的想念和依恋，不仅仅因为它们的味道，更留恋掺杂在其中的回忆。爸爸妈妈做的菜永远是天下第一的美味，他们最了解我的喜好，也倾注了最多的爱心来烹调。离开家乡后，我总觉得许多菜和我记忆中的味道形似但神离，它们或许并没有本质上的不同，只是少了那份日积月累的情感。

长大后我们总会念念不忘小时候吃过的东西，它们可能只是稀松平常的食物，因为被赋予了一点儿时间的神圣感，就成了无法替代的美味。小时候一次肚子特别饿的时候，外婆用特大号的搪瓷缸杯给我买了一碗面回来。直到现在，那家面馆还是会常常出现在我的梦里。我也不解，为什么梦里我没事儿就上他们家吃面。如果有一天真的在那家面馆坐下，我或许会失望，但在梦里，我还是忍不住把各种面式点个齐全，热腾腾的香气里，满足得好像世界尽在我的掌握之中。

Chapter — 6

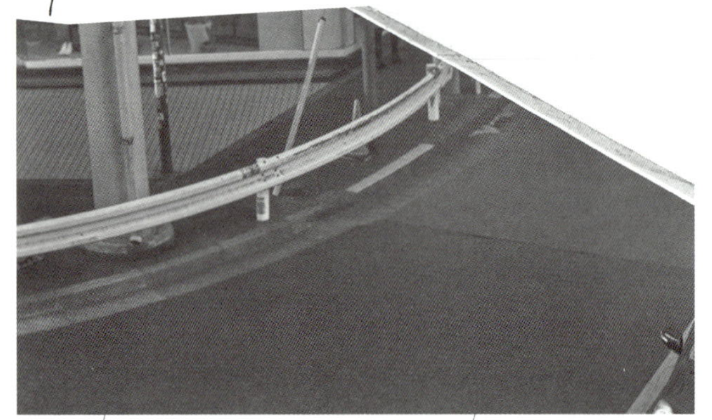

我的心曾孤注一掷

情书

我很小就有了“男生”的性别意识，上了小学，就知道不能再向妈妈撒娇了。身边的好友一直以女性居多，其实我觉得，相比男生，女生往往更大方也更大气。

早在幼儿园的时候，我就意识到自己对一个女生有着不同一般的好感。因为发水痘，她好几天没来上学，我若有所失，有些坐立不安，那其中掺杂的奇妙感觉我说不出个所以然来，只是又焦急又期待。至于为何会对那个女孩产生好感，原因十分简单：她非常漂亮。在我根本不懂感情为何物的漫长岁月里，“漂亮”一直是我的第一标准；尝过一些苦涩和甜蜜后，我才明白，能让我倾心的女孩儿，她的性格和家庭教育也同样重要。

我相信第一眼的直觉。“细水长流”固然重要，但它必然要建立在“一见钟情”的基础上。上学的时候我收到过不计其数的情书，被人喜欢当然心里窃喜，但随之而来的麻烦也让我头疼——和喜欢的女生谈恋爱不能让人知道。不过，能和我走在一起的女孩儿都是我主动喜欢的，情书能让我感动，但不能改变一些事情。我的界限很清楚，朋友就是朋友，做了选择，双方都能感受到。也曾有人试图和我以朋友的名义相处，但即使知道她心里有别的想法，我也不会摇摆。

我至今都记得我收到的第一封情书。她是我的小学同学，拜托她的好朋友把信交给我。如此婉转，一来姑娘家脸皮薄，二来大家都还是小孩子，觉得过程曲折才更显得有趣动人。收到信，我心里各种小鹿乱撞，从头看到尾，再从尾翻到头，还是不知该如何是好，唯一能做的就是把信夹在课本里。没料到，早年的“压岁钱奇案”再次上演，神奇的爸爸找到了信，看完后还偷偷告诉了妈妈。他们面儿上风平浪静，都没特别说过什么。身在小学的儿子已经有女生青睐——虽然不知道他们当时具体的心理活动，但应该没当成什么大事。

那封信的内容我已经记不清了，但我抓耳挠腮才写成的回信却记忆犹新。下笔前我左思右想，作为一个小学生，要是直接写“我喜欢你”“我爱你”这种词，好像有点太过了。怎么说才能妥当地表达我的感情呢？对，用英文！“I love you”——又委婉，又特别，意思也周到。可一个更实际的问题冒了出来，这几个单词怎么拼？家里也没有英文字典，我东问西问，好一番折腾，才确认了准确的拼法。

回信自然也要通过“中间人”递过去，为了表示诚意，我还送了笔记本作为礼物。递出去后心里只剩忐忑，那是我第一次体会到这种滋味，不知该怎么消化，更不懂如何表达。

第二天，我趁下课的时候抢过女孩儿的作业本在教室后面撕。回想起来，就是小孩子表达“在乎”的胡闹方式，当时我自己都不明白为什么要那么做，女孩儿更不明白。她看到本子就愣住了，质问我什么意思。然后……就没有然后了。

现在想起来真有点儿后悔，那时我多幼稚啊，那么做的确伤人家心了。

到了初中，“喜欢”这个朦朦胧胧的概念也变得清晰了一些。我暗恋过一个学姐，我初一时她初三。本来没什么交集，恰好有天他们班上体育课，我的座位临近阳台，我又偏巧一眼就在人群中看到她，当时心中就暗暗惊呼：“哇，好漂亮！”我辗转打听到了她的名字，但从始至终都没有和她说过一句话。我们最接近的一次也不过是擦身而过的距离，那天课间操他们班一改平时的下楼路线，正好与我们班共用一条楼梯。人群之中，她经过我身边的那一刻，我尽力向她靠近了一点儿。那种欣喜，就像是终于触碰到了水中的月亮。

那个学姐就像是我眼里的一道风景，距离让她始终美好。我心里十分珍惜这份遥不可及的憧憬，对身边人却满不在乎。初中时我有了真正意义上的初恋，却因为我的鲁莽和草率匆匆收尾。当时的女友在电话里哭着问我为什么要结束这段感情，我坚决地告诉她：“毕业了，就该分手了。”回想

I Love You

起来，自己都觉得这个理由莫名其妙。但那时我一味认定，初恋总会结束，毕业难道不是最合适的时候吗？那时我根本不理解什么才是感情，也缺乏责任心，一味顾着自己的想法，却不顾及别人的伤心。

从小到大，不管在哪儿我都备受宠爱，难免自信过头，误以为感情里我永远都可以占据主动权。不是不报，时候未到，高中时我就尝到了被人甩的滋味。分手时的场景我至今都记得：突然间，整个世界都好像进入了慢镜头模式，我看到公交车以不可思议的缓慢速度驶过，骤然凝结的空气里还飘来一曲梁静茹的歌，一切的一切，简直就是苦情歌MV的标准配置。那一刻我心里竟然只有一个念头：哦，原来失恋是这样的。

虽然后来我努力挽回了那段感情，但那次经历破灭了我自己在感情里可以无往不胜的幻想。我好像在感情上开窍得很早，实际上却成熟得很慢，不善于总结经验教训，总是好了伤疤就忘了疼。那时候女友提出分手，是因为我总是一副不怎么在乎的姿态，也不懂关心她，可我并没有吸取教训，改进了没几天，又恢复了老样子。

后来，我也尝试过把一颗心整个地抛出去、孤注一掷的感觉，也曾经为一个人辗转难眠。我也品尝到失去的苦涩，体会到想得却不可得的无奈。这些都是成长必不可少的代价，它让我拥有了更完整的世界观，也让我学会体恤和原谅。年龄渐长，放下自己的想法和习惯，努力和另一个人磨合，或许会越来越难。但所谓合适的人，一定可以互相迁就和付出，如果只有单方面的努力，那就称不上感情。

我知道自己有那么点儿“大男子主义”，嗑下那么多经验教训，我也在学习如何站在对方的角度考虑问题，有时候先认个错，谈不上什么有损尊严。现在我也很期待感情来临，有了心爱的人之后是否会公开，还是取决于两个人共同的想法。身为艺人，感情问题的确有点敏感，我当然希望得到所有人的祝福，也就不用躲躲藏藏，但感情总有敏感而脆弱的阶段，两个人之间会有许多不同要慢慢磨合，我也担心一些细枝末节的问题被放大后会增加意想不到的麻烦。

这几年，我曾经的偶像们纷纷宣布结婚生子的消息，有时我也会想象轮到我的那一天，会是怎样的情景。妈妈以前一直说30岁左右是最适合结婚的年纪，现在她已经自动延期到了35岁，不着急。我和父母一直以朋友的方式相处，恋爱中碰到问题会和他们讨论，也曾把女友介绍给他们认识。父母知道我需要的距离，不会过多介入我的选择，我也相信，我喜欢的女生，他们也会觉得不错。

台词"爱情没有应不应该

只能身不由己"

浪漫的是

得到与失去

成长的过程，前半段是不断做加法，到了一定的阶段，又需要不停做减法。或许有极少数幸运的人可以忽略这个得到和失去的过程，而大多数人都要在其中学习接受遗憾的能力。

如果要给所有的情感排个名次，我的第一位一定是亲情，第二位是友情，两者的分数相差不会超过0.5。小时候大家都一无所有，打一场球就能成为哥们儿，可以一起谈天说地憧憬未来。一场场毕业，一次次分开，大家各自走上分岔路，面对彼此的变化，往往有心相近，却力不能及。幸好，我至今和许多老同学还保持着联系，他们并没有因为我取得了一些成绩就对我另眼相待，也不会有“今非昔比”之类的感叹，他们只是说：“终于到你了。”

以前大家遇到些什么事情总爱推我拿主意，大学时我参加“好男儿”比赛后，他们总觉得我算是个“踏入社会”的人，我也毫不客气，还假模假式指点别人些经验，其实我也什么都不懂。真正踏入社会，我那点儿单纯的经验哪里够用。我也被人借朋友的名义“坑”过，但那些事情没有对我产生实际的影响，它们都是必经的坎儿，我不能因为遇上一点儿挫折就垂头丧气，就此凡事只看阴暗面。真正的朋友，需要钱也好、资源也好，能帮忙的我一定尽力而为，一起经过些事情，友情才更加牢固。

一直以来，我都是积极阳光的性格。只是一到晚上就容易变得脆弱，一闭眼睛就爱东想西想。我会下意识地抗拒新环境，每回要进新剧组，前一晚我都会莫名生出许多担心，特别没有安全感，甚至感到烦躁。我总是带许多东西去剧组，好像被熟悉的东西包围，心里会安定些。其实只要睡一觉，什么纠结都不记得了。

现在这种症状已经减轻了不少。不停去适应新环境是做演员的必备技能之一，如果可以和之前合作过的团队再次合作，当然更舒服自在，毕竟彼此已经建立了信任和默契。但更多情况下，我们总是在面对陌生人，总是一再重复从最初的尴尬到互相了解的过程。我很慢热，如果第一眼觉得对方和自己不是同一类人，就更不愿意去主动交流。这种直觉当然也有失灵的时候。拍摄《古剑奇谭》之前我第一次见到陈伟霆，见面时只是简单打了个招呼，心里却各种嫌弃，觉得他装模作样。合作《活色生香》的时候，我和他经常一起健身、聊天，才发现彼此有很多共同的想法，他又特别随和，我提什么建议他都说“可以，可以”、“OK，OK”，一来二去就成了好兄弟。我们各自都会在工作中碰到问题，但见面时只会聊各种趣事，而不是互相吐槽，增加彼此的负能量。

我也喜欢和比我年长一些的朋友打交道，在一起会觉得更自在。很多时候我其实挺笨的，不太会察言观色，也不太懂照顾别人，还会不小心说错话，年长一些的朋友比较能包容。

我的缺点之一就是不会举一反三，以前读书不太好，也应该归结于这个原因。小时候家里人一直说，要学会保护自己，不要什么事儿都兜底敞开了给别人看，我就遵循了这条“金科玉律”。现在我也在学习多给别人一些机会彼此了解，不要总是“生人勿近”。

in love at first sight

我一直挺喜欢和粉丝聊天的，从出道到现在经常见到的那几位，我都认识。我喜欢听他们提问，百无禁忌，反正我有选择回答的权利。比起他们举起手机、相机拍照，我更喜欢用这种直接的方式交流。只是现在很少有合适的聊天机会，特别在环境已经很混乱的情况下，和大家聊天简直有作秀的嫌疑。在机场我常常会被保安大哥"赶"，他们总嫌我走得不够快，有时我看着他们严肃的表情，心里却忍不住在笑：唉，你们一直拦在我面前，我想把步子迈大些也没法儿啊！

从另一个角度来说，我又希望和粉丝们保持一种舒适的距离感。不仅是他们，和父母、朋友，甚至是女朋友之间，我希望最好都能保留一点儿距离。"距离"这两个字听起来有点儿冷冰冰的，但这是我的生活哲学之一。每个人都应该拥有独属于自己的空间，它像一个隐形的气泡，包裹住我们独立思考的能力，以及一点必需的孤独感，谁也无法轻易闯入。

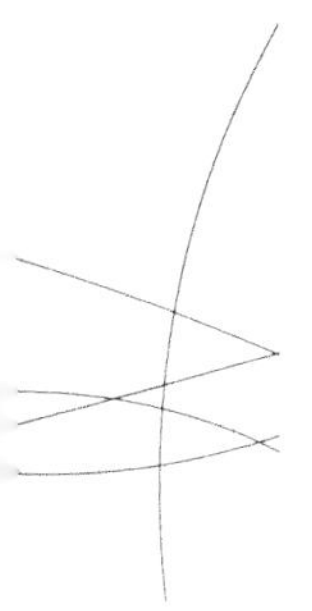

距离感

Chapter — 7

比回忆更远

生命之重

前些日子，我、付辛博、井柏然、乔任梁（Kimi）四人当年的合影被大家翻了出来，许多人感慨时光荏苒，物是人非。以前也有长辈离世，他们遵循自然的规则，走到了人生必经的关口；但Kimi和我的年龄那么近，我没有想到同辈中会有人那么早离开，而且那么突然。他的去世对我的触动很大，那到底是诧异还是难过，我都无法去细想。

他去世的消息传来时我在美国洛杉矶，刚开始我只觉得不可置信，一搜微博，才大吃一惊。消息确凿无疑，一切都已经真实发生了，那一刻我不知道该做些什么，又可以说些什么。团队的工作人员和我说："你应该发一条微博表示悼念。"大家一起商量措词，但这样简单的形式又怎能表达我心里所有的感觉？我知道随之而来的就是追悼会，但脑海中第一个念头就是不想去——不是不想去送他最后一程，我只是觉得自己无法面对那个场面，无法亲眼见证这件事的真实感。

但我还是去了。站在仪式现场，听到哀乐声和哭声交织起伏，我整个人都是蒙的，不知道怎么去接受这一切。有人过来问我要不要去和Kimi的父母打个招呼，我婉言推辞了。

痛失爱子，白发人送黑发人，他们的心里已经裂了条深不见底的口子，我们这些和Kimi年龄相仿的人站在他们面前，就好像是在往伤口上撒盐。我又该说什么呢？“节哀顺变”？还是“别难过”？……这些话，我怎么说出口？告别仪式结束后，我就默默离开了。

有时候只能感叹一句，很多事情大概只能说是命数，是老天一早安排好的，无法用我们渺小的力量去改变。

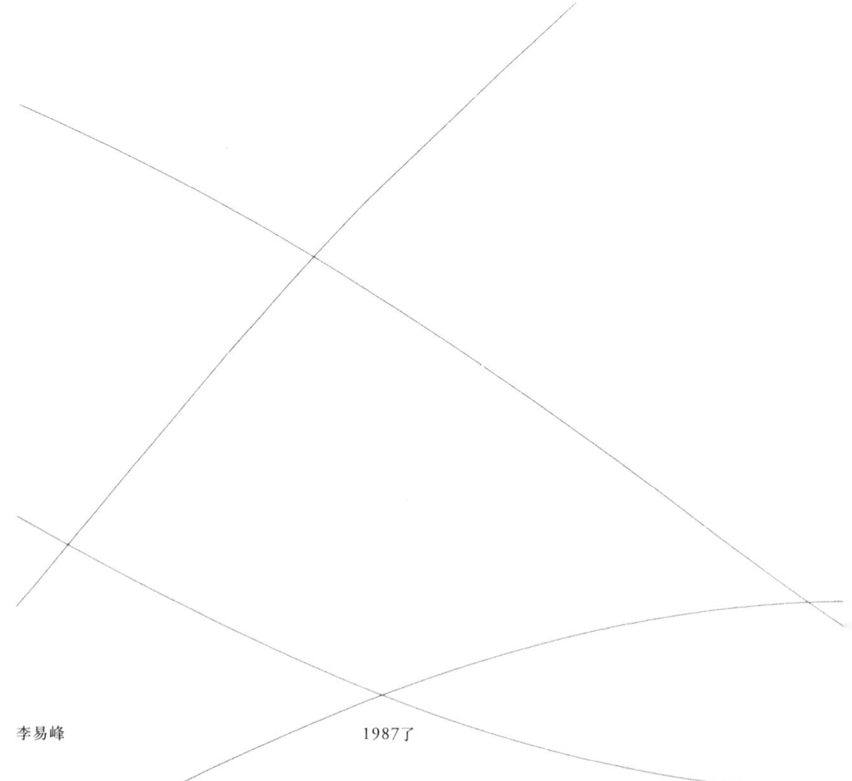

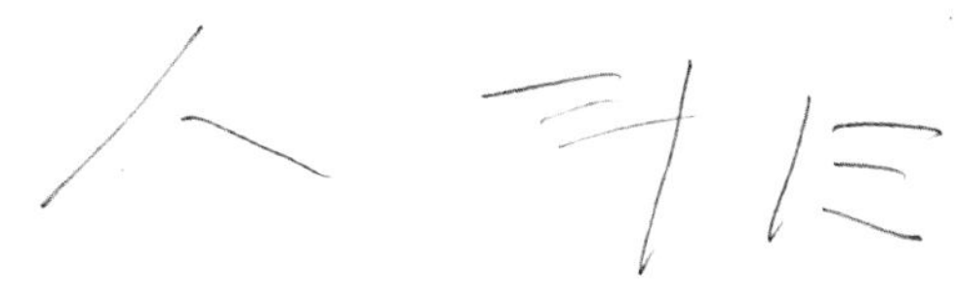

起点

已经很久没有提起“好男儿”比赛的时光了。现在回头看看，那些幼稚的、冲动的、真诚的、不自知的过往，都是让人感慨的回忆。

在地方赛区的时候，我的嗓子严重发炎，打了封闭针后还是开不了嗓。正式比赛前，所有选手会一起去KTV练习，然后告诉负责人自己的备选参赛歌曲。那天负责人告诉我，他觉得我选的那首不够出彩，也不够稳妥，希望我在比赛时换一首歌。到了比赛当天，考虑到嗓子的实际情况，我还是选择唱了那首自认为比较安全的歌，这让主办方有些不快——这个选手怎么那么不听话呢？我自己也觉得晋级无望，果然，那一场就被淘汰了。

当时比赛采用的是观众投票的方式来决定选手的去留。好几个人走到我面前说“对不起”，然后把票投给了其他选手。我一边向他们道谢，一边说不必抱歉。就算这个比赛真的只能止步于此，得到了那么多人的关注，我也没有任何的沮丧和失望。更何况之后还有复活赛，我还有机会回到舞台上，还有可能走到最后。我心里有一种奇妙的笃定感，可能自小打下的自信基础太过牢固，让我不会轻易怀疑自己。

我始终相信，所有的事情都应该是顺理成章的，有句老话不是说嘛，“命里有时终须有，命里无时莫强求”。

我进入了全国总决赛。出发去上海前全家人都很兴奋，爸爸还不忘给我提个醒：“去外面看看也好，不要以为在一个地方取得一点儿成绩就有什么了不起。”那是我第一次坐飞机，激动的心情超越了一切，一心只想立刻上路。

这也是我第一次一个人出远门，父母当然不放心，但我还是说服了他们让我一个人上路。我想要独自去面对这个全新而未知的世界。在都江堰赛区的比赛现场，我在加油呐喊的人群中看到了伯伯、姑姑等一众亲友，感动之余竟然还有些尴尬。走出去，我就不再是那个被全家捧在手心里的小孩子了，这个机会能让我变成另外一个人，也能让我看到自己都不知道的另一面。

坐在飞机上的时候，我有点儿忐忑。在成都大家都认识我，这也没什么稀奇，在另一个从来没去过的城市，我还能得到陌生人的认可吗？降落在上海机场后，居然有三四个粉丝在等我，我很好奇他们居然知道四川有个李易峰，心里暗暗高兴，这是个好的开始。去酒店的路上我从车窗望出去，呀，好大一朵白云，之前都没见过那么大朵的！——再稀松平常的景色，那一刻在我眼里都多了份特别，我简直不敢相信自己已经身在上海，空气里仿佛有一股轻快的力量，一切都寓意着希望，一切都指向明媚的未来。

如今各种综艺真人秀大行其道，其实回想起来，当时《加油！好男儿》的决赛已经采用了“真人秀”的拍摄形式。全国十强赛时，所有选手都被安排住进了东方明珠最大的圆球里，主办方在那里搭建了一个装满摄像头的房间，所有人的一举一动都有记录，手机也都按要求上交了。我起初不知道洗手间的摄像头是关闭的，还担心过洗澡时如何面对摄像头的问题，但转念一想，所有人都一视同仁，管它呢！于是该吃吃，该睡睡，起床时头发比鸡窝还乱，“偶像包袱”早已经扔到九霄云外去了。

有一回节目组的工作人员问我们想吃什么，他们可以叫外卖，我毫不犹豫点了小龙虾和味千拉面，根本不知道那也是节目录制的一部分，还因此被贴上了“李易峰爱吃小龙虾”的标签。在上海我才第一次吃到这两种食物，第一口下去，心里冒出一万个感叹号：怎么能那么好吃！更重要的是，它们抚慰了我的“四川胃”——上海菜偏甜，主办方安排的菜里时不时会冒出狮子头或者糖醋小排，我实在没法儿吃个痛快。味千拉面有汤还管饱，完美地满足了我的一切要求。

以不变

不变的表达

我的生物钟很奇怪：只要前一天晚上没喝酒或过度疲劳，我都会在闹钟响铃前的五分钟自动醒来。

上学的时候，我有一套严格的时间表，起床后的每一个环节都安排得很精确，一切都严格按照时间表进行。我从来不用父母叫我起床，相反，还要和他们约法三章："你们睡你们的觉，千万、千万不要起来和我说话！不然我一回答，时间表就乱了。"任何计划外的事情插入都有可能导致我迟到。迟到是我最讨厌的状况之一，所有人都坐好了，眼睁睁地看着你慌慌张张进来——不行，这太没面子了。

这个生物钟在总决赛期间无法发挥作用，要过集体生活，时间安排自然无法自己做主。比赛之外，主办方还为我们安排了杂志拍摄的工作，所有选手都要参加，人多，难免要等上些时间。当时我对"宣传"这回事毫无概念，心里还有些不痛快：我明明是来参加比赛的，为什么还要拍照做采访呢？

那时我不明白"应对媒体"的必要性，更不理解那些"采访指导"——我觉得那些套路太扯淡了，是费力包装出来的东西，是假的。

李易峰　　1987了

“你一个人在北漂，想家吗？辛苦吗？”

“对，我特别想买张机票回去看他们。对，特别辛苦。”

这样的回答也太脱离实际了。如果我真的想念家人，又抽不出时间回家，他们也可以来看我；何况电话、网络都那么方便，“分隔两地苦苦思念”这种苦情戏码根本没法儿上演。这个问题太假了，这样的回答也太假了。

在很长一段时间里，我总被记者抱怨说“采访没有点”。可是渐渐地，又有人说我特别能整段子，“脑回路清奇”。其实一直以来我回答问题的风格没有变过，只是以前大家可能更习惯“走心”的正经回答，不习惯我抛“小包袱”“小段子”的方式，所以总觉得我答非所问。现在大风潮不同了，大家都更放松，记者觉得“被怼”也别有趣味，接不上话也可以起到一种特别的效果。这是我的运气，环境在改变，所有人的接受尺度在改变，我的不变恰好顺应了潮流。

除此之外还有一个原因。大家还没有注意到我是谁的时候，没人会觉得我的话重要。这很现实：站在别人目光焦点里的人，说什么都是对的；无名小卒就算有高论，也很少有机会被听见。很多人说娱乐圈势利，其实哪里又可以杜绝势利呢？爸爸以前做生意，小时候我就听他说过不少相关的故事。我自己也遇到过势利的人，但说不上被他们“伤到”。这是客观存在于这个世界的事实，我也无力改变，但至少可以包容它们的存在，也坚持自己的方式。

我不喜欢按套路出牌，有趣一些不好吗？我常常看到体育比赛结束后的即兴访问，记者往往会问刚摘得奖牌或者打破世界纪录的运动员“开不开心”。这种例行问题的答案不用猜都知道，但如果这个运动员若有所思地咬一下奖牌，回答说，“挺硬的”，我会觉得，哎，有意思。意料之外，情理之中。

我一直都挺喜欢接受采访的，这是件好玩的事情，还可以在谈话中重新了解自己。很多问题我平时不一定会细想，采访中有人提到了，我才发现，哦，原来我会这样回答，原来我会这样想，原来我是这样的人。当然，采访中有些禁忌我不会碰，比如政治这类原则性的问题，我也不会胡乱开别人的玩笑。有一回和成龙大哥聊天时，他有点感叹地说，以前做采访，艺人和记者就那么简简单单地坐着，没有手机，也没有摄像机，可以随便聊，气氛很轻松。如今即时传播的渠道越来越发达，艺人的形象更生动，不再神秘或遥不可及，但一切都有视频录音“作证”，传播时如果被断章取义或者被刻意编辑，就会带来想不到的麻烦。

微博是一个我能自主和大家交流的窗口。我更新的速度不快，往往是因为还没有想到特别好玩的内容。我喜欢和大家开一些彼此间有默契的玩笑，一不小心还能玩出个系列。比如我的“浴袍歌手”形象，就是在每年出席跨年晚会前的准备过程中诞生的，现在已经更新到了3.0的版本。我常常会冒出些搞怪的念头，比如之前在横店拍片，早上从阳台上望出去时，突然发现，去掉小卖部招牌上的那几个中文字，外面完全是一派欧洲的景色。我立刻戴上围巾和帽子，找人给我拍“欧洲留影”，当然，我还拍了露出下半身拖鞋和睡裤的“花絮现场照”，留着第二天揭秘。

不管我用怎样的方式去面对公众，总有人喜欢我，也总有人不喜欢我。没有什么万全之策，但尽可能地保持真实，一定比费心打造某种“人设”更简单也更舒服。至今我还没有上过真人秀类的节目，最主要的原因，还是想在这个阶段集中精力拍戏。我自问没有那种能力让几件事同步进行，万一把拍戏过程中的角色情绪带去真人秀的现场，那就更容易引起误会了。所有人都在做的事情，不如先保持距离，等一等。精力有限，就先投入最重要的事情吧。

Chapter—8

L姓先生的自白

昨日头条:

某L姓小鲜肉自曝各种心酸过往，并详细解说撞车、吸毒传闻、替身等等新闻的前后经过。是自我洗白还是真相？是狡辩，还是真心？

正面还击

不久前我发了一条长微博，直截了当地斥责了那些造谣我吸毒的人。其实，早在去年6月我就在手机上写好了那条微博，但被团队拦了下来。道理我都明白，言多必失，多一事不如少一事，但这件事简直没完没了，还有愈演愈烈之势。几乎每天都会听到有人对我说："哎，和你说个事儿……你最近小心点……"真是烦不胜烦。

谣言大规模爆发的那天，我在家睡大觉，半梦半醒中收到经纪人的短信，她问我在哪儿，让我赶快看新闻。我一看，都是"L姓小鲜肉吸毒被捕"的消息，心里还嗤之以鼻，觉得真是无聊，又来这种似是而非的消息。我走出房间，妈妈正和外婆打电话，只听她一个劲儿解释，"怎么可能呢？你要相信他啊。"紧接着爸爸也不断收到各方的询问，我才意识到，这件事远没我想的那么简单。

我对家人感到深深的抱歉。因为我从事这份工作，他们的生活就一并被网络和不明来处的谣言影响，无端提心吊胆。那些向他们打听消息的人，一部分真正出于关心，一部分只是抱着"看看那个圈子有多乱"的八卦心理。造谣的人躲在暗处，借题发挥甚至空口白话，想到他们甚至不需要为这样的行为负责，我就气不打一处来。

虽然当时我发的一条朋友圈被朋友截屏传了出去，但这件事反反复复，始终没有真正平息下去。不得不说，不管始作俑者站在怎样的立场，这件事他（们）达到了目的。这一年来，我不断地向人澄清，有品牌或电影接洽，都要再加一个对外的声明。因为这种莫须有的传言，团队谈合约时总会被人问上一句："听说他吸毒？"有时我问他们今天是否谈得顺利，他们的回答总是小心翼翼："挺顺利的，就是你知道，别人会提起外面的传言。"

之前我也遇到过许多令人啼笑皆非的事情。曾有人用我的名字开了家火锅店，参照知识产权、姓名使用权等法律相应条款，我可以起诉他侵权。但为这样的事情打官司，倒像是艺人小题大做，毕竟人家也不过做份生意。团队出面用各种法律方式处理过类似的问题，我的目的不是索赔，而是想告诉他们，这样做是违法的，应该被制止。不过，在公众的眼里，那些人或许才是弱势群体。

捕风捉影的谣言在过去的一年乃至之后的日子里，不断对我以及周围的人造成影响。我特别能理解范冰冰去医院鉴定五官的决定。一个女生，不管她已经取得了怎样的成功，又有多强大的内心，要向公众证明自己没有整过容，一定是有"不得不"的理由。在局外人眼里也许这只是做一场戏，但身在其中的人，究竟承受了多少莫名的揣测？如何解释，又该向谁去解释？

我明白，除了关心我、喜欢我的人，大多数人对我的新闻不抱感情，对他们来说，丑闻或许才更具吸引力，也更符合他们对我的想象和预设。

冲动之下，我发送了那条微博。当时我并没有被什么特别的事件触动到，只是忍无可忍，想向所有人表明态度。至少，我要让在乎我的人放心，他们有知道真相的权利。虽然至今我都无法理解，为什么一条谣言可以扩散出那么大的影响，也不认为所有人都会选择信任我，但至少为家人说了些话，心里舒坦了一些。

这也是这个时代的有趣之处：你的任何反应或许都不对，但任何反应或许又都是对的。

除了这次的谣言事件之外，我很少特别去说一些话或者做一些姿态。外界对我的各种各样的看法，误会也好，抹黑也好，或者另一种角度的解读也好，我不需要还击。过去我没有吸毒，现在没有吸毒，将来也不可能吸毒。事实才是真正的还击。

8:30 — 起床喝杯水 —

存在即合理

之前南方发生水灾时我捐了笔款，没想留名，但赈灾机构说一定要写一个名字。留真名有点儿傻，想来想去，我写了“L姓先生”。那段时间，媒体上但凡出现“L姓”多半没什么好事，可惜这回，没人想过把这个代称和我对上号。

过去的几年里，捧杀之后再棒杀，我成了典型之一。但凡出现些负面新闻，一杆扫，我一定“中枪”。如果出现“L姓小鲜肉”这样模棱两可的关键词，简直是铁板上钉钉。我一直认为“存在即合理”，对“小鲜肉”“流量担当”这些称呼也没有真正在意。反正，今年流行这种称号，明年又会换一种叫法，何必去计较呢？大家只是喜欢给他们划定的群体下一个定义，取一个新鲜的代号。不得不说，这些称谓在很多时候比“偶像”更具贬义色彩，甚至有那么点儿被妖魔化的意味。

成龙大哥早年受过很多委屈，一直被叫成“臭武行”，就算他已经是亚洲的票房皇帝，去好莱坞也一样受冷落，甚至在片场被当成临时演员，被人呼来唤去。他们那一代演员至少经历过十年的磨炼期，好片烂片都拍过，然后才慢慢学会如何挑选剧本，如何表演。我们这一批演员没有那么多时间。在短期内获得高度关注当然是好事，但大家也会理所当然地认为，你应该对得起这样的资源和关注，应该经得起更高标准的检验。

如果大家期待我的演技进一步提高，我虚心接受意见，但有一些指责，我不知道应该归于偏见，还是无中生有。一度，“替身”的讨论甚嚣尘上，各种视频截图等证明又把我推到了风口浪尖。说真的，我也常常希望可以多出一个分身，他和我有一样的外貌身材、一样的脑袋。电视剧是长期、持续性的集体工作，一天拍摄所需的置景、人工等费用有时高达几百万，每个剧组都有预算的考虑，会尽可能抓紧进度。拍摄《麻雀》的时候，剧组分A组、B组同时开工，有时还会分出C组，我总共有一千多场戏，不可能在拍摄时让其他工作组全部停工，等我一个人就位。替身是一个固定工种，剧组会安排他们在试光、走位甚至远景拍摄的环节帮忙“抢”时间，但替身不可能替代演员的表演。实际情况是，往往其他演员已经完成了各自的近景戏份，然后还得陪着我把连接的戏份重拍一遍，我也觉得这样很麻烦大家，但这是客观的需要，所有人都能理解。

原则性的问题我半点儿也不会妥协，比如，我不轧戏。首先，我没有那么充沛的体力在两个剧组间辗转；其次，我是一个心里会装挺多事儿的人，同时拍两部戏，就算经纪人可以和剧组协调好时间档期，我也搞不定自己。每次定下剧本后，我都希望尽快拿到我的部分，而且一定得是纸质的版本，这样我才能随时随地做笔记，记录一些想法。

有时我也感到无奈，好像任何事情都可以被当成话题，比如，网上曾有人试图从我团队的几次变更中总结出一些了不得的“娱乐圈内幕”。艺人的工作团队看起来有点儿神秘，但说到底，这只是一份工作，每个人都有自己的决定，许多人员的去留只是正常的岗位转换，就好像车到站了，总有人要先下车。一些同事提出辞职时我也尽力挽留过，无论是感情还是默契，从头开始培养都不容易。但是我尊重他们的决定，也祝福他们有更好的选择，时间一直向前走，变化才是永恒，有相聚，就会有分离，不必太过伤春悲秋。我的性格里有一些矛盾的东西，有的时候心思特别细腻，有的时候反而没心没肺，但并不能因为我的反应和他人的预期不同，就认为这其中一定有不可说的秘密。

有时我会收到公益活动的邀请，也需要做一些选择。最重要的标准，就是它必须是一个真正的公益活动，并且由具有公信力的机构发起。我不希望重蹈一些前辈的覆辙，好心为公益活动出力，却因为活动本身出状况，反而给社会造成了不好的影响。公益活动号召艺人共同参与，也是希望能让更多人知道这个事情，然后再引导大家了解更详细的内容。

偶尔我也会有点儿悲观，一个艺人，一个明星，真正能带来多大的影响力呢？很多人往往因为我们的加入，就把严肃的事件当作一条娱乐新闻来看待。但不管活动规模是大还是小，如果“明星效应”可以提醒大家改进一些平时的习惯，增加一些常识，我们就起到了作用。比如“熄灯一小时”提倡减排二氧化碳和节约用电，“春蕾计划”呼吁更多人关注女童的教育权利。媒体会选择怎样的角度来报道，公众会选择怎样的角度去理解我们的出发点，我都无法强求。我只能尽我所能，如果可以影响到喜欢我的那部分人，即使只能给这个有限的群体一些触动，我也很高兴。

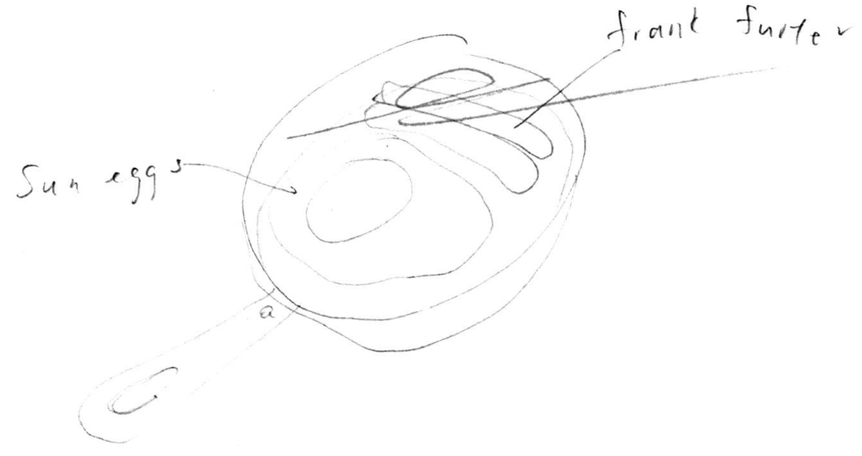
frank furter
Sun eggs

8:45 — 做早餐

昂贵的一课

To: 白色的大牛

为了和你在一起，我花了许多“血汗”，但是拥有你的时间没有超过两个月，亲密接触不超过十个手指头。但这短短的相处，让我一下子清醒，从一个飘忽激昂的真空快速地回到了现实。

非常感谢你。虽然你已不在我身边，但至少我曾经拥有过就好！

我不是那种陷入逆境和困难就无法自拔的性格，但去年的确是诸般不顺。迷雾一般蔓延开的谣言还没消散，我又发生了一次车祸，跑车“大牛”刚到手就和我说了再见，还让我陷入了一场更加头晕目眩的舆论旋涡中。

那辆白色的兰博基尼是我梦寐以求的超级跑车。出事前一共开过不到十次，我还没来得及体验它传说中的速度；复杂的操作界面就像是一台精巧的电动玩具，我还没来得及把每个按钮都按遍；我甚至没来得及给它上正式牌照——在北京这不是立等可取的事情，那张临时牌照让事情

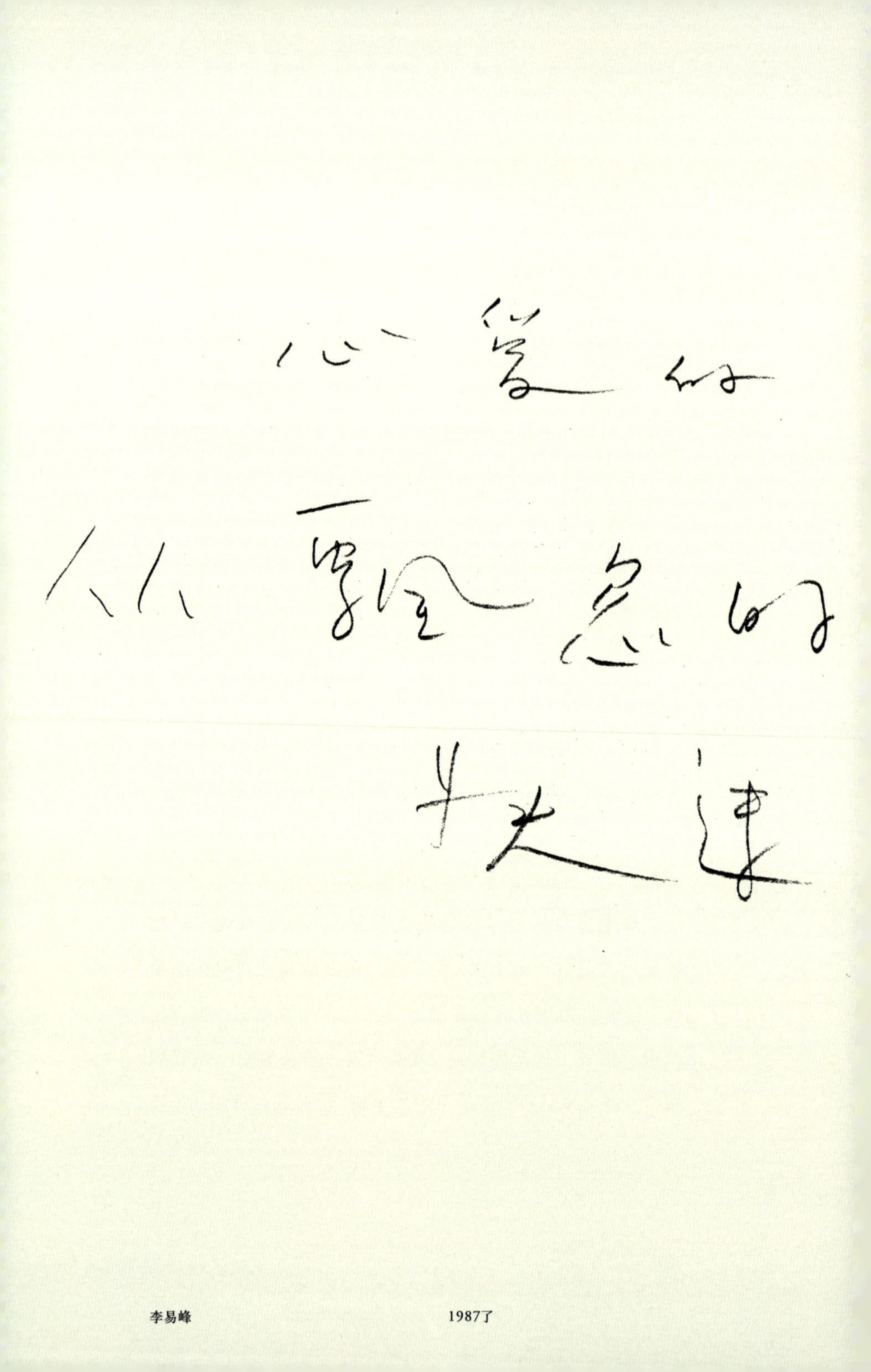

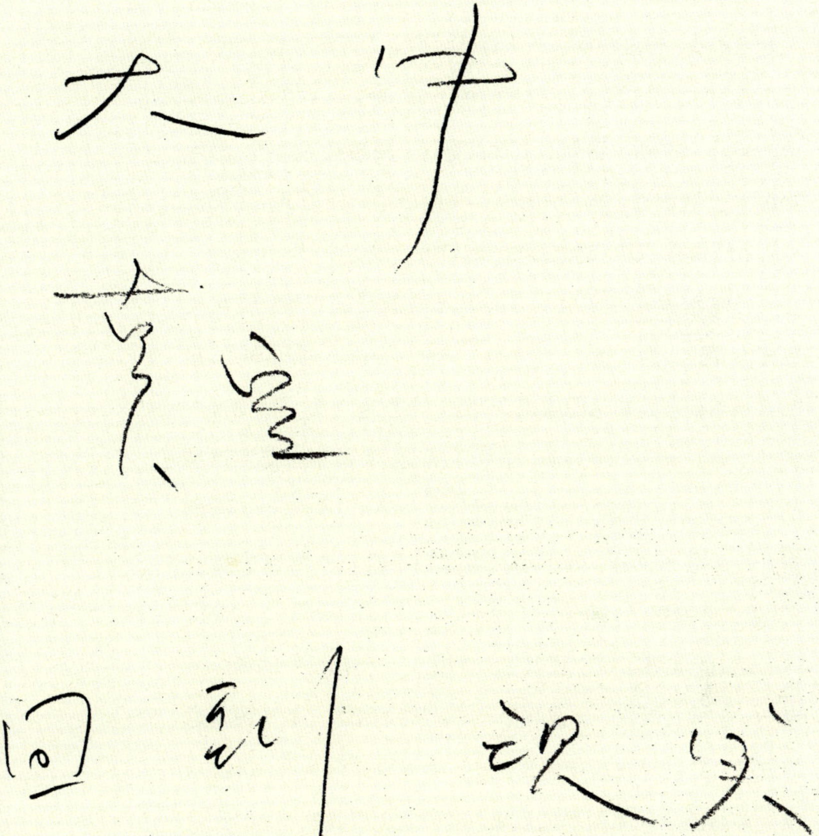

大什

会[illegible]

回到现实

又复杂了几分。

撞车的那一瞬间，我的头脑一片空白。以前只听说过别人发生车祸，但没想到有一天自己会撞上。我完全蒙了，第一个念头只知道“完蛋了”。我开始摸手机，可怎么也找不到。我这才想起来摸脸，看到手上没有血迹，稍稍松了口气。那时我根本没意识到，就在几秒前，我经历了一件大事。即使没有后来的风波，我也感到后怕，谁知道有没有个“万一”呢？

当时附近正在施工，有人走过来敲我的车窗，催我赶快把车开走。他打量了一下车头，又问：“还能不能开啊？”我没意识到他问这句话的缘由，只是一个劲地点头：“我能开，我马上走。”启动，再启动，车纹丝不动，我急得心都跳到嗓子眼了，只想尽快把车开到路边的安全带里，但无论怎么操作，车都毫无反应。我下车一看就傻了眼——都撞成那样了，怎么开动啊？

然后，我做了一个极其错误的决定：没有报警就离开了现场。在旁人眼里，这或许是一个荒谬的借口，是一种刻意的逃避，但当时在极度的慌乱中，我不知如何是好，压根儿没去多想随之而来的严重后果。出事地点离我家不远，我就稀里糊涂地走了回去，一心想着赶快回去找人商量怎么处理撞烂的车。如果我多点儿责任心，好好待在原地，等警察勘察过事故现场、检测过我的血液酒精浓度、确认过我没有吸食任何违禁药品再离开，这个意外就会仅仅止于一次车祸。

第二天一早，我还是按原定计划出国工作，那天晚上开车出门就是为了取护照。新闻出来后，有人说我借机逃到国外躲避风头，可我哪儿有那么大的能耐？我也没法儿临时向品牌方团队求救，说不好意思我突发了车祸，你们赶快安排个活动让我躲一躲。半个多月前团队已经反复确认了所有的细节，我无法临时取消行程。

我心里非常愧疚，在国外逗留了三天，没有一晚睡安稳过。我一直在考虑如何把后面的事情尽可能处理好，毕竟，我无法控制舆论的发酵，对品牌的亏欠也可以再商量补偿的办法，当下迫在眉睫的问题，是如何尽快回国配合调查。我和团队花了一个下午的时间研究最直接的航线，活动地点在摩洛哥，当地没有直飞北京的航班，起先我们想取道最近的巴黎中转，却得知当地机场正在罢工。唯一的选择是从西班牙的巴塞罗那转机，但原本那趟行程的下一站正好是在巴塞罗那拍摄另一个品牌的广告，团队不得不大费周章向对方解释，为何我们已经商定延期拍摄，却还要在这个时候前往巴塞罗那。

我不能再继续留在国外了，哪怕再多几个小时都不行。回到北京，我一下飞机就去做了笔录。事发那天刚巧有“狗仔”拍到了现场照片，这件事就从社会新闻变成了娱乐头条。事故发生后，我的缺席又让事情被演绎成了各种添油加醋的版本：有说我醉驾的，甚至还有说我藏毒的，五花八门，我也百口莫辩。我发了一条微博公开道歉，希望可以平衡到各方面的情绪，但无论如何措辞，错了就是错了。

妈妈说，这个事故也不能完全被当成坏事，它让我多了一些经历，是一个很好的教训。在出事之前的那段日子里，她觉得我有点儿“飘飘然”，在“翘尾巴”。我像一只慢慢飘离地面的气球，享受着越来越开阔的视野和越来越轻快的气流，却没有意识到自己有些偏离了方向。看起来，我的物质清单几乎满贯：我买了房子，盼望已久的跑车就停在车库里。闲来无事的时候，我会和自己的爱车合影，成就感在心底如烟花般旋开。看，我还那么年轻，梦想在一个个变成现实，简直一切都好，只缺烦恼。可一个人的时候，满溢的快乐会显现出一丝阴影，一种说不清道不明的不安让我隐隐心慌，好像有什么事即将到来，把一切打碎。

我把“大牛”送去整修后就转手卖了。这次事故被定性为“逃逸”，当然没有保险理赔的可能。我想，或许此刻我还没有能力去拥有这样一件奢侈品，它最大的意义，就是把我从半空中拽回了地面。这个不愉快的篇章一定能翻过去，我相信，之后的一切会真正好起来。我对未来还有许多期待，比如，条件更成熟的时候，再买一辆心爱的车。

9:30 — 光合作用

10:00 涂涂写写

Chapter 9

第二名的人生

绝不卖惨

得到和付出之间往往不成正比，除了健身之外，你的努力多半别人都看不到效果。你追求一个女孩，掏心掏肺付出了，十八般武艺都用上了，可能有回应，也可能人家还是不理你。感情上如此，工作上也相似，永远有比你更努力的人，比如有些演员一整年都泡在横店演戏，但就是差那么点儿运气，戏出来后并没有让他走上事业的高峰。强调努力的经过没有意义，很多时候，"天时地利人和"就是缺一不可。

所以我有一条原则：绝不"卖惨"。"好男儿"比赛准备前期，工作人员就问过我，家里是否发生过什么特别的事情？我特别确定地回答：没有。我很健康，家庭也很健全。谁家里没发生过一些事情呢？把家人搬出来，就能让你和别人看起来有所不同吗？我不想聊这样的话题，为了博取同情这样做，实在没必要。

冬天拍戏一定会冷，夏天拍戏一定会热，既然选择了这份工作，就应该做好相应的思想准备。拍戏时受伤再多，肯定比不上成龙大哥。80年代初他在南斯拉夫拍戏时出了事故，真的和死神擦肩而过，幸好命大，有个脑外科手术医生正好在当地，及时做了手术。当时他怕打麻药会影响到大

脑，宁愿冒留下后遗症的危险，也没有把一些碎在头骨里的小石头取出来，至今他耳朵里都时常会有“哗啦哗啦”的声音。他浑身上下每一寸都受过伤，相比之下，我们拍戏遇上的这些小磕碰又算什么呢？做任何工作都有潜在的危险，只是明星遇到的问题会更受人关注而已。

冬天跳冰水这种事情，横下一条心也就完成了，真正让我发怵的是骑马。之前一次拍骑马的戏，环境非常嘈杂，还有许多人在围观拍照，现场又没有特别专业的驯马师。开拍前我发现马有些躁动，但身为演员并没有什么选择权，该怎么拍就得怎么拍。按照剧情，我要骑马前行一段距离。当时负责牵马的是一个群众演员，和我一样对驯马毫无经验，马会看人脸色，似乎已经看穿了这两个家伙心里都在打鼓的真相。马身后还跟着两个人，一左一右，高举着“回避”的大扇子，看起来像是要打它屁股。

导演也察觉到了潜在的危险，于是让一个有养马经验的司机代替了群众演员。开机时，他喊“三、二、一”的话音未

落，马已经蹿了起来。我吓得心都快跳出嗓子眼儿，幸好那个司机没有松手，不然马再往前多奔个几步，我一定会被狠狠甩下来。

剧组虽然会尽可能做好保护，演员也可以靠经验去避免危险，但意外总是防不胜防。刘德华年初拍广告时，也不幸从马上摔了下来，休养了好几个月都没有痊愈。向佐也曾经告诉我，他们剧组里的武行在一次拍摄中遭遇了威亚突然断裂的情况，从三层楼的高度摔下去，武行当场就断了腿。考虑到如此多不可控因素的存在，加上之前那次骑马的经历太过惊悚，之后的合约里我都写明，尽可能不拍骑马的戏。

但是，一个演员不吊威亚怎么行？拍《青云志》时有一幕戏要从城楼上飞下来，平时没那样的机会，我也想挑战一下自己——如果改成同样高度的蹦极，我是万万不敢的。做准备的时候我满脑子乱七八糟的想法，担心保险绳万一中途也突然“啪”的断了怎么办。在城楼上就位的时候，我往下看了几眼，腿都软了。但既然是我自己说要上去的，那就只能自己跳下来。

这其实和胆子大不大没关系，只是每个人害怕的事情不一样。有些女孩子明明怕蟑螂怕得要命，但一个人大半夜看恐怖片却完全没事，还能佐以爆米花消遣。我恐高，怕坐云霄飞车，这也是天生的，有些时候只能硬着头皮逼自己去试一试。如果遇到大批粉丝在机场或者商场等候，我特别害怕人多拥挤又没有秩序的情况发生。鞋子被踩掉没事，要是有人被推倒，后果就有点儿没法想象了。安全第一，安全第一。

李易峰 1987了

第二名的人生

从小我秉承一条信念，第一名和第二名之间如果可以选，我选择第二名：前面有一个目标可以追赶，又不用承受走在所有人前面的压力。第一名要决定之后的方向，要打破纪录，还要更加努力，不被后来者超越。

第二名的人不一定第一眼就会被看到，甚至不一定会被记住，但这个位置让人更笃定，有更多选择的空间，也更自由，同样需要拼搏和努力。我的好胜心很强，从小打球一定求赢，为了救一个球，就算边上是水泥硬地，也要不顾一切扑过去（当然我承认还有个原因，边上有女孩儿们看着呢）。不管是参加正式比赛还是综艺节目上玩游戏，只要有竞争，我就会立下必胜的决心，万一输了，会打心底里不高兴，会动真气。

其实，每个人的世界观和人生观从小就已经确定了大概的轮廓，之后只是在不断丰富和修正罢了。

我很早就体会过被"以貌取人"的滋味。读书时就有老师说我"绣花枕头一包草"，成为演员后，被批评的理由常常是"只有一张脸，是个没有演技的花瓶"。从小到大，我很高兴外貌一直受到肯定和称赞，但绝对不会认为这是我唯一

12:00 庭院漫步

以一己之力

创造奇迹

的长处；我更不希望它成了超越一切的、衡量我的唯一标准。我非常乐意听指出我缺点的中肯意见，但有一些“棒杀”我的人可能根本没有看过我的任何作品，只在新闻上、八卦里听过我的名字，然后就抱定一个念头：你就是不行，说什么都不行。

“从众”是一种让人获得安全感的方式：看，我归属于一个集体，我不会被孤立。我们常常遇到这样的情况，一部专家们赞不绝口的电影上映，看过的人也都说“好看，真好看”，这时候，你心里明明觉得电影一般般，也会开始怀疑：是不是我没到那个欣赏的水准？人人都说，这个长镜头特别有艺术感，这个蒙太奇特别有创意……自己是不是也会为了站队，跟着表示认同呢？

从艺人的专业素养来说，如果把我和许多前辈或者国外优秀的同龄演员放在一起比较，我还有很大的差距。每个人的背景不同，机遇也不同；更重要的是，每个人除了需要一个机会之外，也需要时间。我不相信自己会不懂得鉴别好坏，用现在的一切来断言我十年后能达到的程度，是否为时过早？

心里在乎的事情，我不会拧着劲儿去证明给别人看。向谁去证明呢？向网上那些披着马甲的“键盘侠”吗？根本没有意义。我只想向自己证明：我在乎、我喜欢的事情，我能

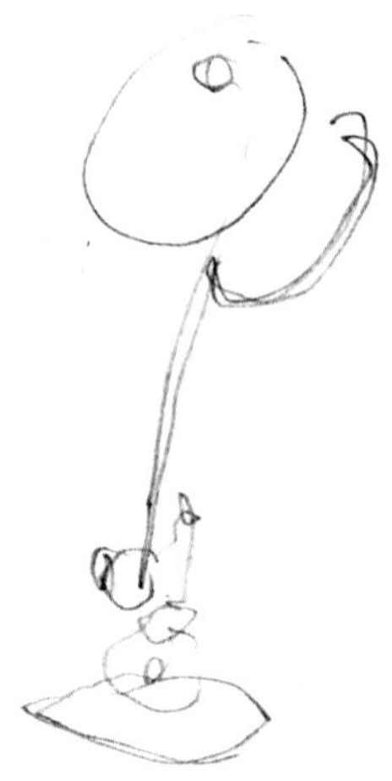

做得更好；我看自己演的电影时也会和别的观众一样，觉得“哇，真精彩”。

换一种更确切的说法，与其努力证明给旁人看，不如自己偷偷变厉害。武侠片里那种慢慢成长为绝顶高手的故事虽然励志，但那种模式太过按部就班，也太在意料之中。相比之下我更喜欢“逆袭”：看起来一手烂牌，毫无胜算，但却能在最紧要的关头绝处逢生，反败为胜。我印象里最为惊心动魄的几场比赛，一是看库里和雷霆队对打：双方夹缠、胶着了许久，在雷霆队暂时领先的情况下，库里最后连续得分，压哨中场投进一个超远距离的3分，绝杀。还有曼联拿下欧冠的那场比赛，他们从一开始的比分落后到最后夺冠，惊险到分分秒秒都可以让人心脏停跳一拍，扣人心弦的程度不亚于一部超级动作大片，太帅了！球赛有几个像这样的片刻才更跌宕起伏，人生也要有这样几个片刻才有趣。

我好像还从来没有为哪个角色死磕过。不惜一切代价也要拿下一个角色，往死里锻炼，或者在短期内拼命学会某种技能的经历，我都没有。这可以说是种幸运，也可以说我没那么勤奋，觉得靠打“天才球”就可以过关。不过，拍《古剑奇谭》和《老炮儿》时我都铆足了劲儿，尤其是《老炮儿》，那样的阵容，可不能“丢姿势”。那种感觉特别畅快：前期做足了功课，现场表现很出色，你立刻就能从导演、摄像、灯光师甚至场务等工作人员的眼睛里看到肯定，得到他们的尊重。这种努力的成果是立竿见影的。

我还记得雪夜里和小刚导演喝酒的那幕戏，特别过瘾。现场地上已经铺好了雪，刚巧那天夜里又下起雪来，我一点儿也不觉得冷，只感到满腔的兴奋。小刚导演也很高兴，那天拍摄时喝的是真酒，他已经有些微醺，还是一个劲儿地说：“一会儿回房间我们接着喝。”那天我听到了许多人的夸奖，他们真的给了我很多很多的信心。有时我看到新闻里，一些前辈们说年轻演员们如何如何，我知道自己也包括在内。我知道自己还有很多缺点和问题，但我还是希望大家能多给予一些鼓励和善意的批评。小刚导演也好，管虎导演也好，他们对我的一句肯定，对我之后的整个演艺生涯都是极大的鼓励。如果他们只是告诉我，你不可能行，你演不好，我只会不知所措。

我是个鼓励型选手。但不管有人骂我，还是有人夸我，我都会越做越好，或者说越战越勇。我会较劲儿，这很容易上瘾——“High点”不停往上提，得到一点儿肯定，就希望得到更多，挑战更大的难度；做到了，也可以沾沾自喜一下：“我可真是天才啊。”

我想分享一条自己的经验：你可以选择不同的态度去面对人生，也可以选择不同的生活，你完全拥有这种自主权。你可以选择对自己始终充满自信，也可以选择保持一点儿自我怀疑，从而更加努力。自信不是自负，而是一种非常积极、正面的态度。

亲爱的张学军同志：

您好吗？北京又雾霾了，

你们那边儿怎么样？天儿好不好？

跟您说个事儿，咱们那边儿开业了，

聚义厅，按之前说好的，大长桌，

太师椅，一样保存度，

在正义公社，您怎么样啊，

13:30 来杯好咖啡

15:00 和自己比赛

Chapter — 10

在镜中

从心而立

今年我30岁了。虽然数字只是个数字，但一旦到了某个整数，就成了一个节点。从心态上来说，现在的我和20岁出头时没什么区别，依旧一心想往前冲，尽力去拼搏。该工作工作，该放假放假，如果遇上合适的女生，也会该怎么着就怎么着。对比十年前的照片，现在的我流失了点儿胶原蛋白，五官又长开了一些，眉宇间到底有了些不同。我比那时更自信了，这种自信可能来自这些年来成绩的积累，又或许是因为发现自己认定的路没有走错。我的心境也比那时更加开放，不管是为人还是处事，都更多地打开了自己一些。

不过，在情绪管理方面我做得还不够好，这是门很大的学问。对演员来说，情绪容易起伏在某种程度上是好事，可以更容易进入角色的内心世界，但在戏外，对自己的生活甚至运气而言都不是件好事。如果一个人散发的能量是负面的，那么他吸引而来的可能也是坏运气和坏消息。

曾有人问我，是否可以给还在逐梦路上拼搏的人一些过来人的建议。我的建议其实很朴素：第一，保持平常心，不要被环境的起落影响，也不要被他人轻易左右了对自己的看法；第二，看清合约，谨慎签字。此外，要从一开始就留意自己的言行。如今有太多实时的记录方式，一旦真的说错、做错些什么，未来或许要用几倍甚至几十倍的努力才能抹去曾经的“黑点”，甚至无法“翻盘”。相比之下，我们这一批人出道时的环境更宽容些，那时还没有微博，偶尔没摁住自己的脾气，可能也只有媒体朋友会看到，被批评几句不懂事。不像现在，哪怕是一点小事，只要被传到网络上，就会发酵到谁也无法想象的程度。

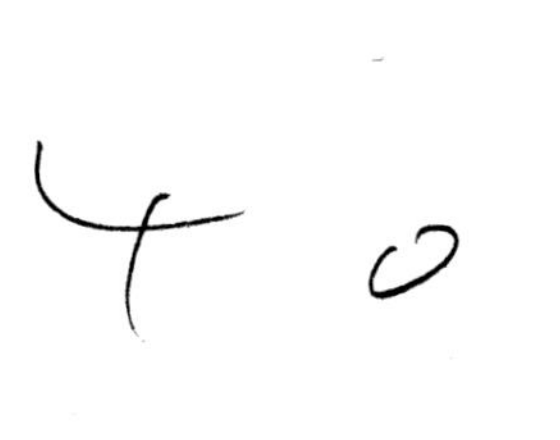

平常心，

会得再[illegible]

16:00 出门去

下一个十年

我希望自己的内心能更强大一些，抗干扰的本领也能进一步加强。当然，完全关起耳朵来不听外面的声音，不受外界的影响，也不现实。

记得2014年夏天《古剑奇谭》刚播出的时候，好评汹涌而来，公众对我的关注度以几何级数递增。那时我心里知道，之后一定会慢慢开始出现批评。甚至，我曾想在采访里搁一句话，以备之后印证：到明年这个时候，可能记者也好，其他人也好，都不会再这么关注我，也不会给我这么正面的评价了。可惜，虽然这个念头一直在心里翻滚，却总是忘了说出来，后来发生的种种变化，我一早就有心理准备。

七年来默默无闻，突然间成了所有娱乐版面的头条、每天的搜索热点……那时的感觉的确是——爽！这一天一定会来，我从不怀疑。成为明星是我从小到大唯一的职业设想，现在的我和那时想象中的我，基本没有距离。我当然还有更大的梦想，但在实现之前，我不会说，放在自己心里就好。我为那个梦想尽最大的努力，能成功当然最好，即使只能够做到接近，也很厉害了。

生活上我希望自己可以更大气些、宽容些，不仅仅从自

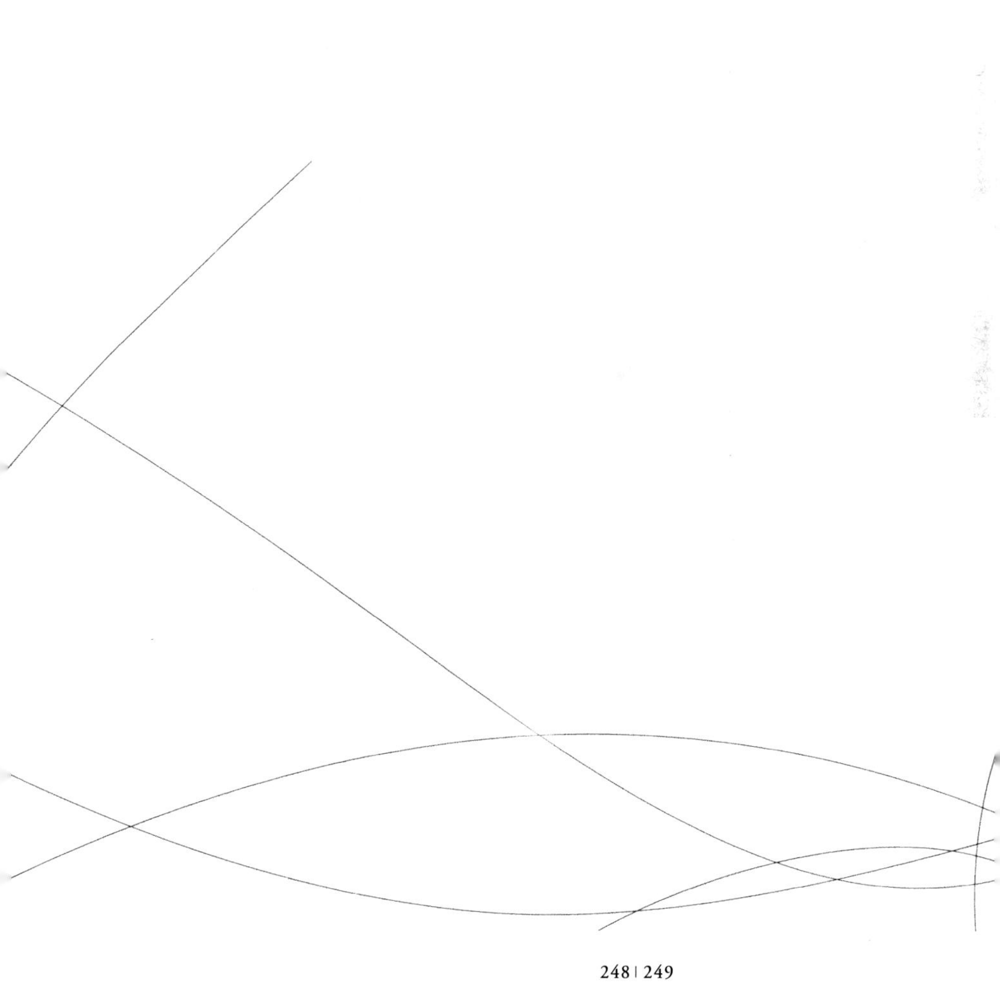

我的角度出发，而是更多考虑到他人和团队的需要。我一直崇拜那些以一己之力创造奇迹的人。足球和篮球虽是集体运动，但马拉多纳也好，乔丹也好，极具个人风格的球星会让所有人铭记。在马拉多纳的率领下，意大利名不见经传的那不勒斯俱乐部拿下意甲冠军的那一刻，我至今记忆犹新。这个世界对于个人英雄主义的看法在逐渐改变，以超级英雄系列电影来说，无论是《钢铁侠》《蝙蝠侠》还是《死侍》，都不再推崇个人的绝对力量。无往不胜的金刚狼，在告别的最后一集中甚至穷困潦倒，任人欺凌。英雄身上同样有人性的普遍弱点，他们也会迟暮衰老，会力不从心。但他们仍然拥有他人的尊重和崇敬，靠的不是一丝不苟的完美，而是真实。他们能够在低谷重新站起来，不仅因为有着强大的意志力，也借助了朋友乃至对手的帮助。如何平衡，将个人与团体之间的力量综合发挥到更大，也是我之后的功课。

专业上，我希望自己可以再坚定一些。有很多机会，来的时候因为一点点的犹豫就会擦肩而过，去年我就因此错过了一部心仪的电影。拿到剧本后我在飞机上一口气读完，心里一个劲儿地想，故事真棒，我好喜欢！合上最后一页时，心里已经对这个角色充满了期待。但后来剧组希望我演剧中的另一个角色，虽然挑战更大，但一来我不确定是否能把握好角色的年龄感，二来在同一部戏里换角色，对我来说是件挺大的事，因为要重新建立一次自我预期。

我调整的速度太慢，可机会不等人，就这样错过了这部电影。可能有些演员碰到那么喜欢的项目、那么喜欢的剧本，会无论如何先占个位置，可我就顾着自己琢磨了。电影上映前，我看到了片花，心里真是有点儿酸酸的。说不上后悔，过去了就过去了，以后还会有合作的可能。我也不知道到那时我的决断力是否会更强一些，还是看缘分吧。

16:20 —— 散步

不设限的自由

过去的十年里，我得到的比失去的多。身为艺人难免要损失一点儿自由和隐私，这也是意料之中的事。我会一个人出门买东西，也不怎么注意戴口罩、帽子，反正戴了一样也会被认出来。

只要是合适的时间，粉丝要求签名、合影都没有问题。但有一段时间，我往往一上飞机就发现周围的位子都被粉丝锁定了。一次起飞后，我苦口婆心地对他们说："我需要休息，希望可以不要受打扰。你们这样做也会给我的团队带来些麻烦，因为工作人员可能会因此买不到座位。"这是我和他们的相处方式，我们互相理解和爱护，但可以直言不讳。

一天，想到自己有段时间不常外出了，就约了朋友去咖啡馆聊天。走在路上时，我突然感到有些不自在，甚至可以说有点儿害怕。我当下就进行了一下反思：不行不行，我不能就此失去了基本的生活。我得多出去走走。作为一个演员，不可以把自己的生活完全架空，抹掉自己的基本社会属性，和这个文明体系脱节。这只是一份工作，不能因为工作而完全牺牲掉生活本身。

过去我也曾暗暗期待过，有一天能够成为像梁朝伟或者

17:30 —兜兜風

金城武那样的演员，神龙见首不见尾，生活中完全隐形，隔段时间就抛出厉害的作品吓大家一跳。但近几年我对自己有了更深刻的认识，我意识到自己的性格和他们有本质的不同。他们可以保持如此低调完全是本性使然，喜欢宅，希望与人群保持距离，但我做不到那样。原本计划去年年底开拍的电影，后来因故延期了两个月，等待的过程中我又无聊又烦闷，虽然那期间我也拍摄了一些广告和杂志的内容，但完全静不下心，迫不及待地想要进组开工。

很多年来我都保持着一个习惯：定期处理掉一些不用的东西。旧的不去，新的不来，人生也是一样，要有告别过去的能力和翻开新一页的勇气。以前可能只会想当然地羡慕别人的某种状态，于是不假思索地说，我也想变成那样。现在的我不会轻言羡慕，也不会妄言不能。知道自己能做什么之外，也要了解哪些是自己力所不能及的部分，这样才能更平稳地往前走。我从来不会一味假设未来的可能，只希望可以凭着兴趣一直继续下去，直到自己认为可以停下来的那一天。

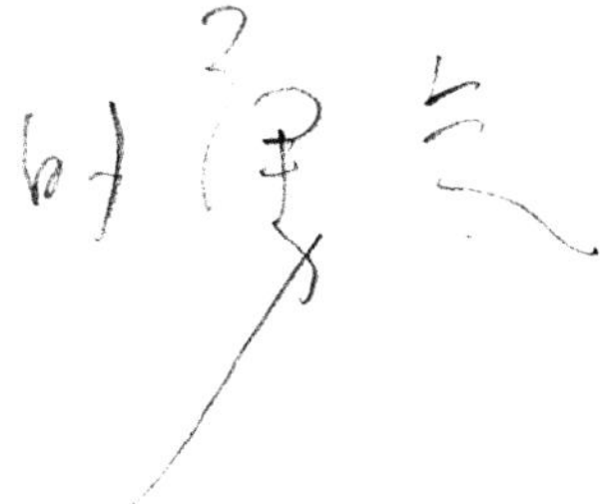

OUT
Honda

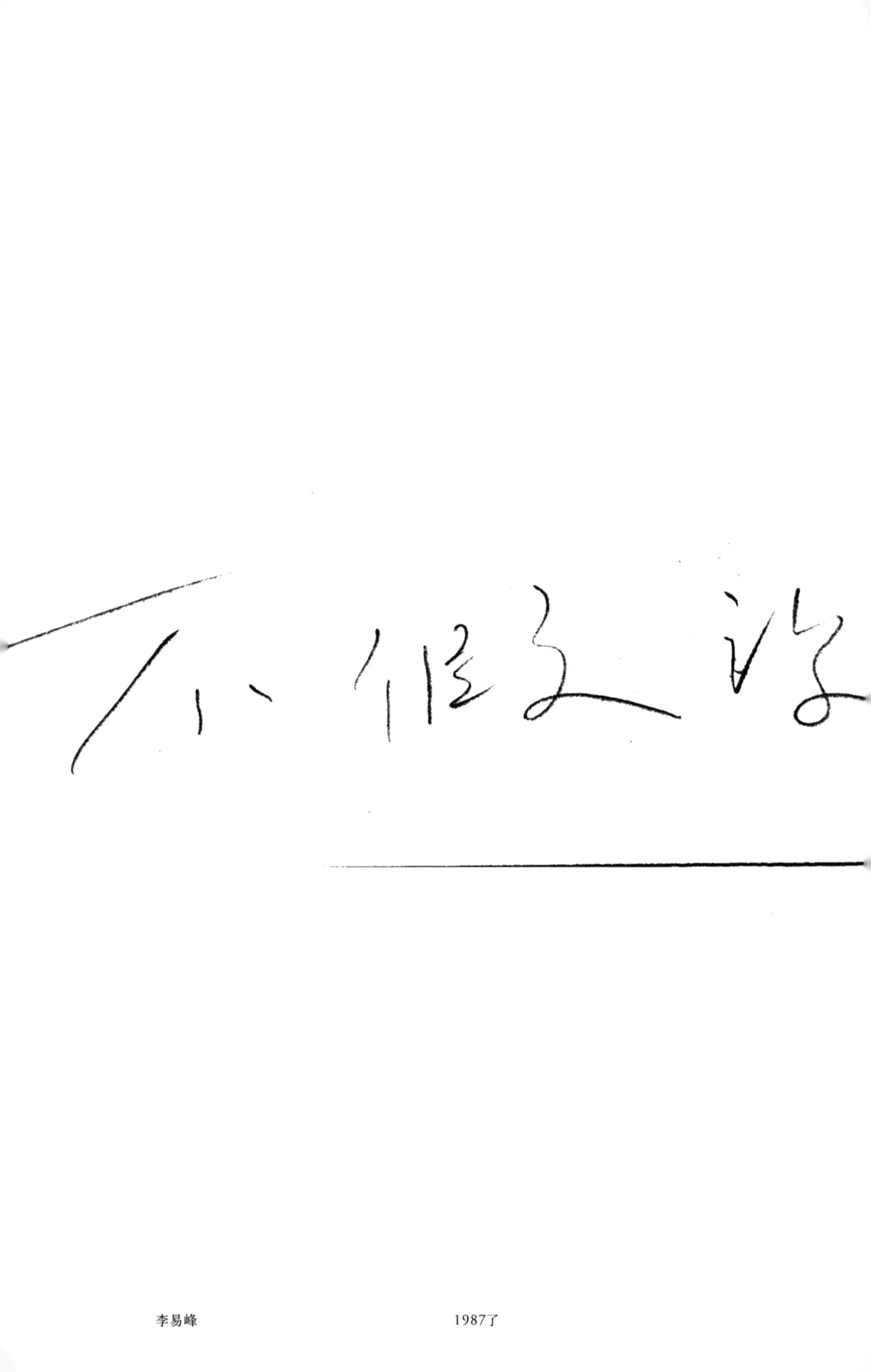

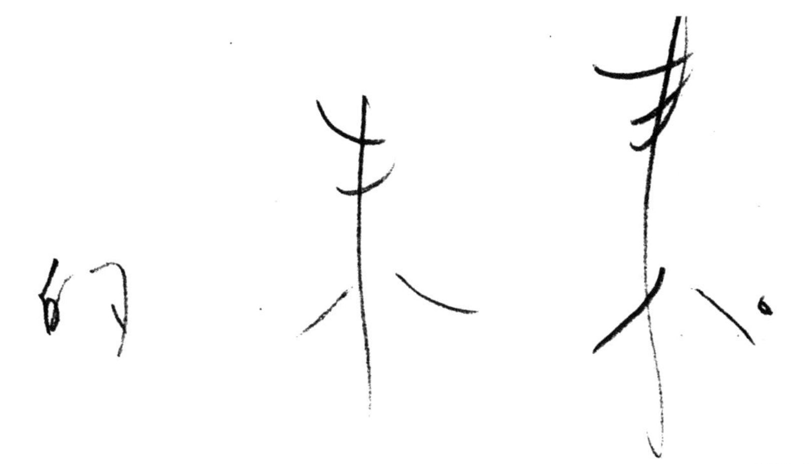
的未来。

To：白色的大牛

为了跟你在一起花了我很多血汗，
但是拥有你的时间没有超过2个
亲密接触不超过十根手指头，但
正是这短短的相处，让我一下子
清醒，从一个霸气激昂的真空
快速地回到了现实。
非常的感谢你，虽然你已
不在我身边，但至少我曾经
拥有就好!!! 贝……

To：火爆女侠

你有天使的面容（听说是年轻的时候），娃娃的身材（有图作证），火爆的脾气（从小看到毕业），但这些都已经成为了历史，现在的你剩下的是慈祥，是像孩子一样的贪吃，还有时常流露出的无助的眼神以及善忘的记忆力，不过这很好，忘掉那些许久陪着你的烦恼和伤心吧！我只想说谢谢你！

谢谢老天让我成为你的孙子。我知道你不识字，所以我才在这本书里煽情一次。我多么想求求老天再让你年轻十岁，还给你以前硬朗的身体、响亮的嗓音、火爆的脾气。

我不晓得你还有多少時间可以陪
着我们，我真也想你再多看看我
如果说我想回到过去做一
件事，那就是回到小学，再让
你接我放学一次，再吵着让你
买泡泡糖给我吃。
我爱你婆，你要永远记得我！

出　　品：东阳横店李易峰影视工作室

联合出品：北京欢瑞世纪演艺经纪有限公司
霍尔果斯泰洋川禾文化传媒有限公司

总 策 划：钟君艳　赵　珊　杨迦茵
项目负责：蒋佳芯
宣传统筹：肖　越　肖云云

摄　　影：黎晓亮 ASTUDIO

化 妆 师：袁　媛
发 型 师：aura beauty
服装造型师：lee hye young

监　　制：韩　寒
策 划 人：一　言　戚开源
出版统筹：戚开源　朱华怡
策划编辑：熊悦妍
特约编辑：李冰清
营销支持：金怡玉玲　纪文超　韩　培
特约发行：王　鑫
特约印制：张春笛
装帧设计：雾　室
美术制作：欧阳颖　童　卉

图书在版编目（CIP）数据

1987了 / 李易峰著 . -- 杭州 : 浙江文艺出版社，2017.5（2018.6 重印）

ISBN 978-7-5339-4865-8

Ⅰ . ① 1… Ⅱ . ①李… Ⅲ . ①李易峰 - 生平事迹 Ⅳ . ① K825.78

中国版本图书馆 CIP 数据核字 (2017) 第 084538 号

责任编辑：瞿昌林

1987了

李易峰 / 著

出　　版：浙江出版联合集团 浙江文艺出版社
网　　址：www.zjwycbs.cn
印　　刷：北京尚唐印刷包装有限公司
开　　本：880mm×1230mm　1/32
字　　数：100 千字
印　　张：8.75
版　　次：2017 年 6 月第 1 版　2018 年 6 月第 5 次印刷
书　　号：ISBN 978-7-5339-4865-8
定　　价：68.00 元